Neue Rechtschreibung

Deutschspiele

zum Selbermachen

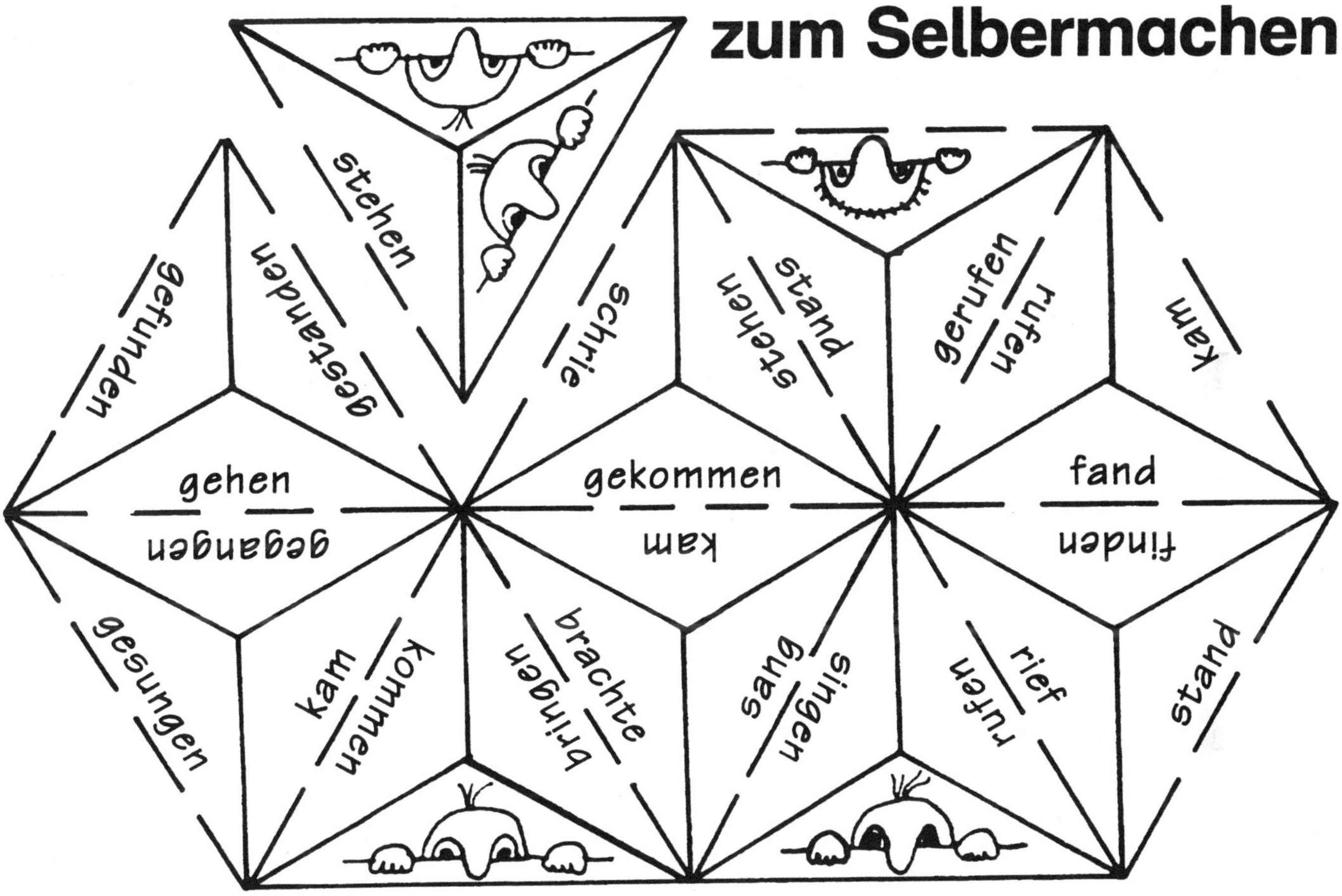

Henny Küppers

Verlag an der Ruhr

Impressum

Titel: Deutschspiele zum Selbermachen

Autorin: Henny Küppers

Layout: Oliver Rahn

Druck: Druckerei Uwe Nolte, Iserlohn

Verlag an der Ruhr
Postfach 10 22 51, 45422 Mülheim an der Ruhr
Alexanderstr. 54, 45472 Mülheim an der Ruhr
Tel.: 02 08 – 49 50 40
Fax: 02 08 – 495 0 495
e-mail: info@verlagruhr.de

Teilweise überarbeitete Auflage

Verlag an der Ruhr 1997

ISBN 3-924884-97-8

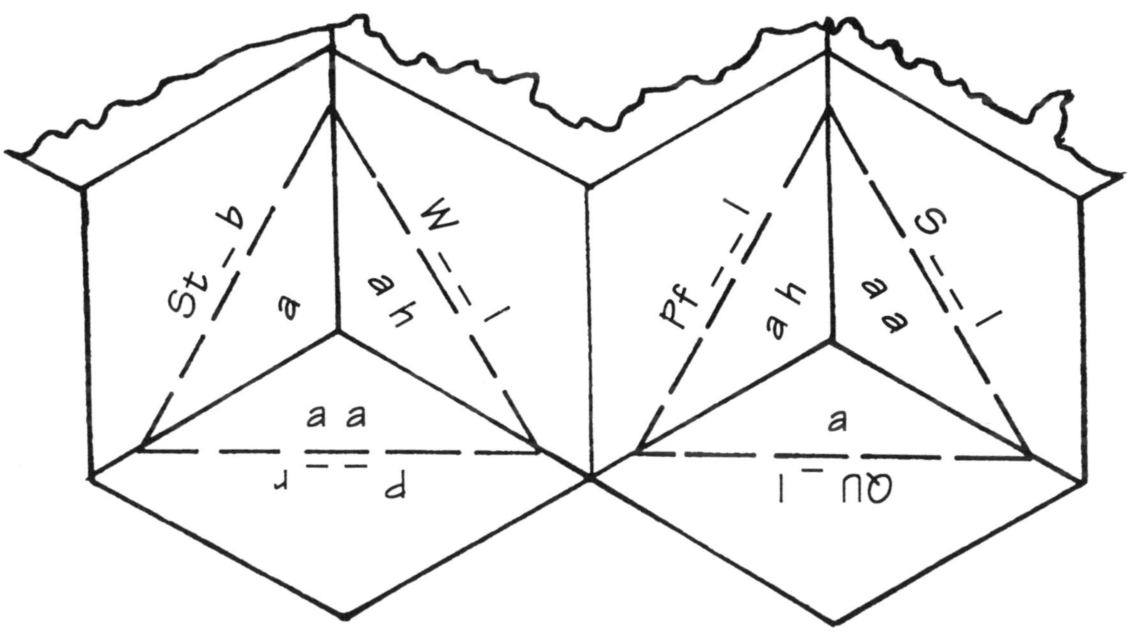

Inhalt

Im Deutschunterricht wird viel Zeit für Übungen verwendet: Fertigkeiten (z.B. in der Rechtschreibung) müssen automatisiert, Grundbegriffe (Grammatik o.a.) behalten und angewendet und sprachliche Fähigkeiten (Wortschatz, Aufsatz) vertieft und ausgebaut werden.
Das vorliegende Heft soll die Arbeit des Lehrers, sich immer neue Übungsmöglichkeiten ausdenken zu müssen, erleichtern. Es enthält kopierfähige Vorlagen für Lege-, Steck- und andere Spiele, die Lehrer und Schüler selbst gestalten und ausschmücken können. Damit ist es aber auch im besonderen Maße eine Hilfe für die Freie Arbeit, denn wenn ein Vorrat von Übungsmöglichkeiten erst einmal vorhanden ist und die Schüler damit umgehen können, kann man immer wieder darauf zurückgreifen

- bei auftretenden Schwierigkeiten,
- zur immanenten Wiederholung,
- für die innere Differenzierung.

Übungsmöglichkeiten in spielerischer Form sind als Ergänzung und als Erweiterung des „normalen" Unterrichts gedacht. Damit die Schüler auch wirklich eine echte Wahlmöglichkeit haben und die Übung abwechslungsreich bleibt, müssen unterschiedliche Formen eingesetzt werden, auch wenn der Übungseffekt derselbe ist. Wegen der Vielzahl der vorgeschlagenen Aufgabenstellungen dürfte es darüber hinaus auch ohne weiteres möglich sein, die jeweilige Altersstufe der Schüler, die Klassensituation und die Schulform zu berücksichtigen. Sie haben die Möglichkeit, aus Einzel- **(E)**, Partner- **(P)** und Gruppenspielen **(G)** auszuwählen.

Das Heft besteht aus zwei Teilen:

1. Spielpläne für Lege-, Steck- und andere Spiele.
   Die einzelnen Blätter können kopiert, beschriftet, auf Pappe aufgezogen, mit Folie überzogen und an den gestrichelten Linien entlang zerschnitten werden. Die Größe der einzelnen Spielkarten macht sie zur Aufbewahrung z.B. in Zigarettenschachteln oder Briefumschlägen geeignet.

2. Beispiel aus dem Rechtschreibunterricht.
   S - Laute (nähere Erläuterung siehe dort)

Die Hinweise (siehe Seiten 5–15) sind als Anregungen gedacht, wie und in welchen Bereichen des Deutschunterrichts man das Material einsetzen kann. Dabei dienen diese lediglich als Beispiele und sollten keinesfalls der Fantasie des Einzelnen Grenzen setzen. Viele Spielregeln orientieren sich an den entsprechenden bekannten Kinder- und Gesellschaftsspielen, sie sind aber nicht starr vorgegeben, die Schüler selbst verändern sie immer wieder. Die vorliegende Sammlung ist sicher nicht vollständig und abgeschlossen, sondern sie soll anregen, neue spielerische Formen zu finden, solange es erlaubt ist, dass Unterricht Spaß machen darf.

E, P

Die Aufgabenblätter werden auf starken Karton fotokopiert oder aufgezogen. Die aufgedruckten Kreise werden gelocht. Der Schüler steckt einen Stecker in das Loch vor der richtigen Lösung. Er kontrolliert auf der Rückseite. (Das Loch bzw. die Löcher vor den richtigen Lösungen können mit Filzstift umrandet oder mit einem Lochringverstärker umklebt werden).
Interessanter wird das Spiel dadurch, dass es nicht immer nur eine Lösung gibt, sondern die Anzahl der Lösungen unterschiedlich ist, manchmal auch 0.
Wenn es um den treffenden Ausdruck geht, empfiehlt es sich, die unterschiedliche Qualität der Lösungen durch verschiedene Farben zu markieren.

Laute

s – ss – ß

- ○ laßen
- ○ lassen
- ○ lasen

Vorderseite

Imperfekt von lesen

Rückseite

Beispiele:

- ○ rennen
- ○ sich schleppen
- ○ schleichen

Wie heißt die Grundform des Verbs?

- ○ Adjektiv
- ○ Indikativ
- ○ Infinitiv

- ○ er sinkt
- ○ er singt
- ○ er sinckt

Trennung

richtig?

- ○ Kurt - rauben
- ○ Kurs - aal
- ○ Kur - zentrum

Imperfekt

wachsen

- ○ wuchs
- ○ wusch
- ○ wachste

Autoren

Fliegender Stern

- ○ Erich Kästner
- ○ Mark Twain
- ○ Ursula Wölfel

Lotto 1 G

Die Deckkarten werden auf die Grundkarte gelegt. Die Rückseite ergibt ein geschlossenes Bild (Selbstkontrolle)
Nimmt man für mehrere Spiele die gleichen Deckbilder, kann man beliebig viele Karten kombiniert einsetzen.

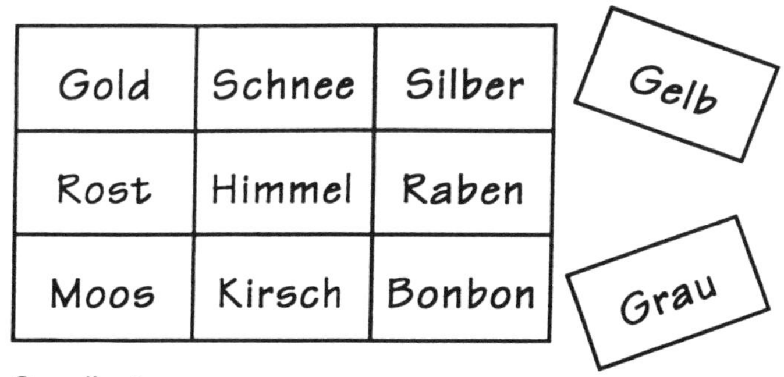

Grundkarte

Deckkärtchen

Lotto 2 E, P, G

Auch hier wird dadurch kontrolliert, dass auf der Rückseite der Deckkärtchen ein Bild entsteht.

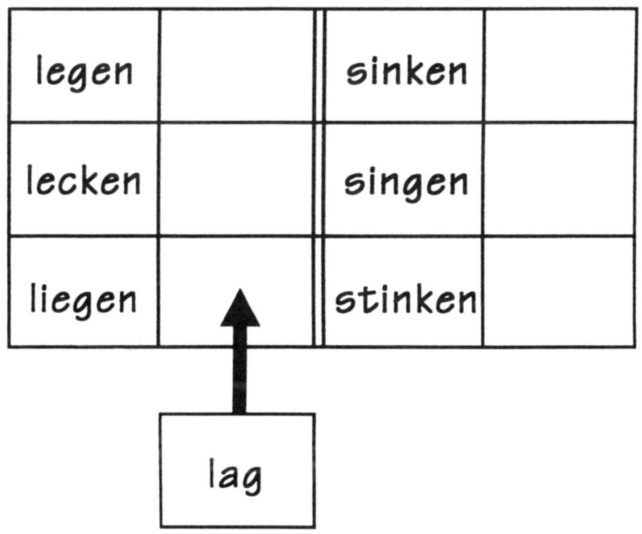

Memory P, G

Es kann wie das bekannte Kinderspiel gespielt werden. Für die Übung effektiver ist aber die Variante „Spiel mit offenen Karten“. Die Kärtchen liegen mit der Vorderseite sichtbar auf dem Tisch und müssen zugeordnet werden. Zur Kontrolle ist die Rückseite mit der Lösung beschriftet oder zusammengehörige Karten sind mit denselben Symbolen gezeichnet.

P, G

Auch die folgenden vier Legespiele eignen sich für Partner- und Gruppenarbeit in sämtlichen Aufgabenbereichen. Die Spielregeln sind immer dieselben. Passende Kärtchen werden angelegt, der Spieler bekommt dafür einen Punkt (Chip). Wenn Kärtchen in Lücken hineingelegt werden, gibt es die entsprechende Punktzahl.

Domino

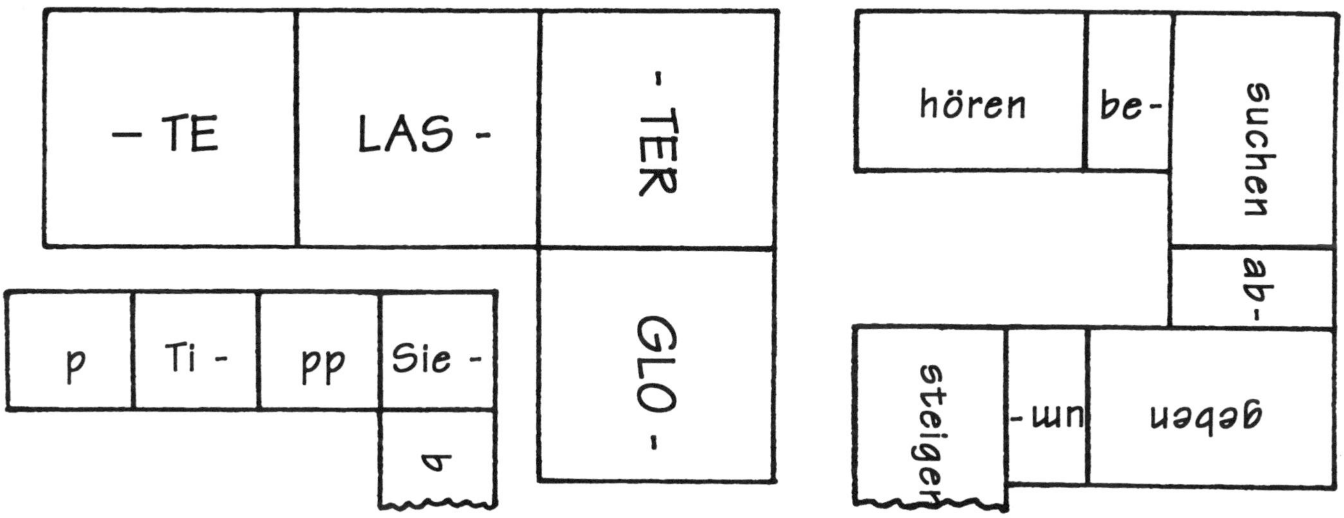

Trimino

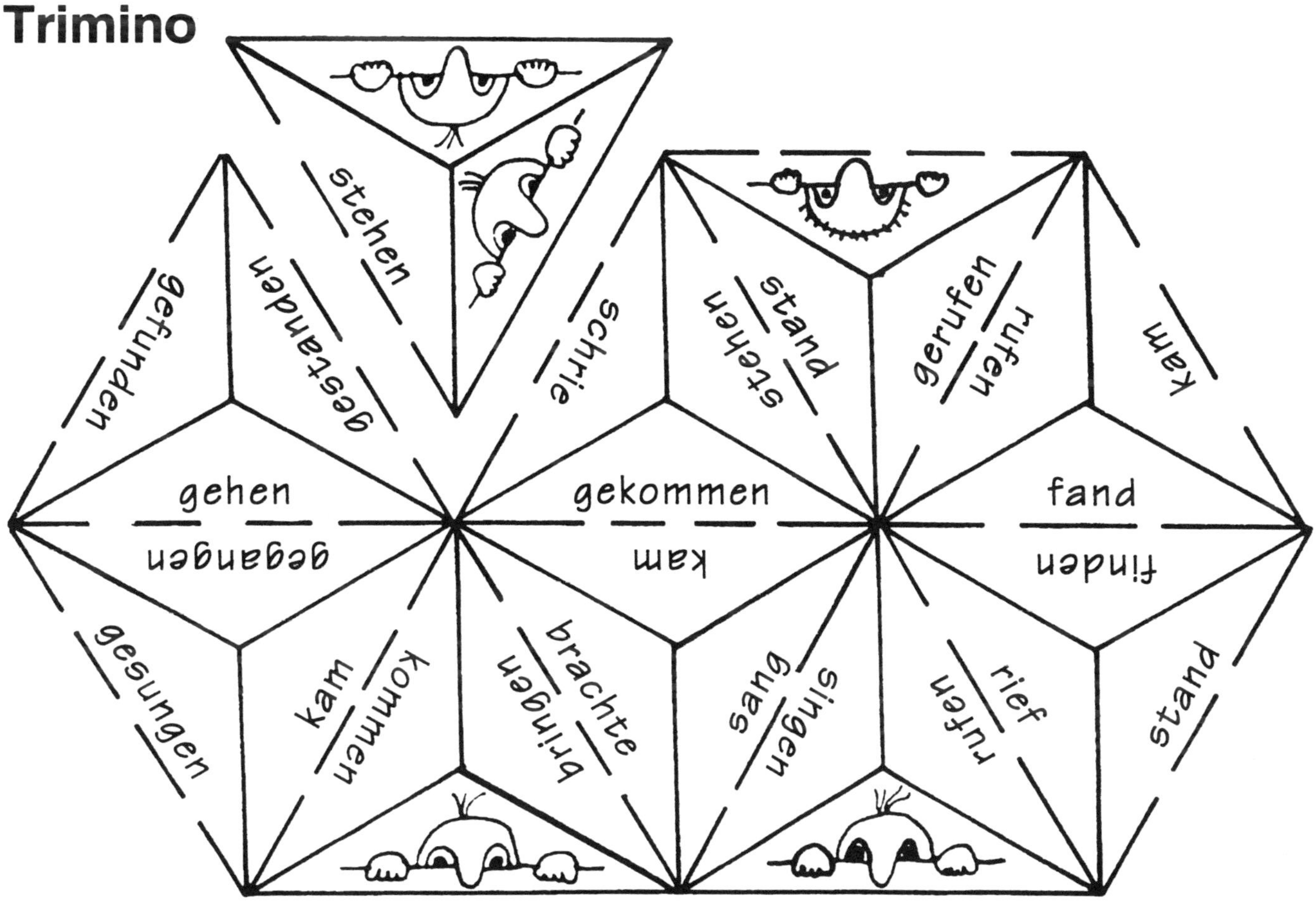

Quadromino

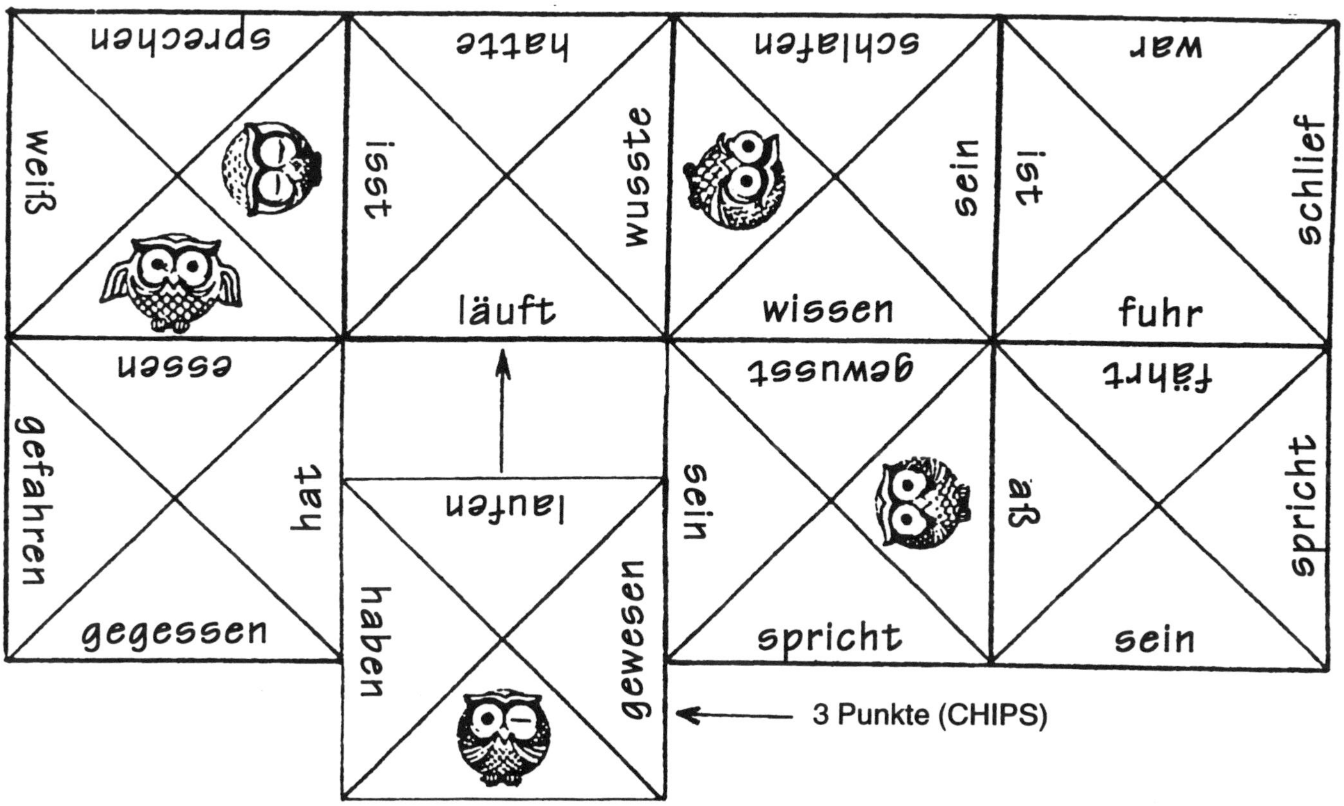

Hexamino

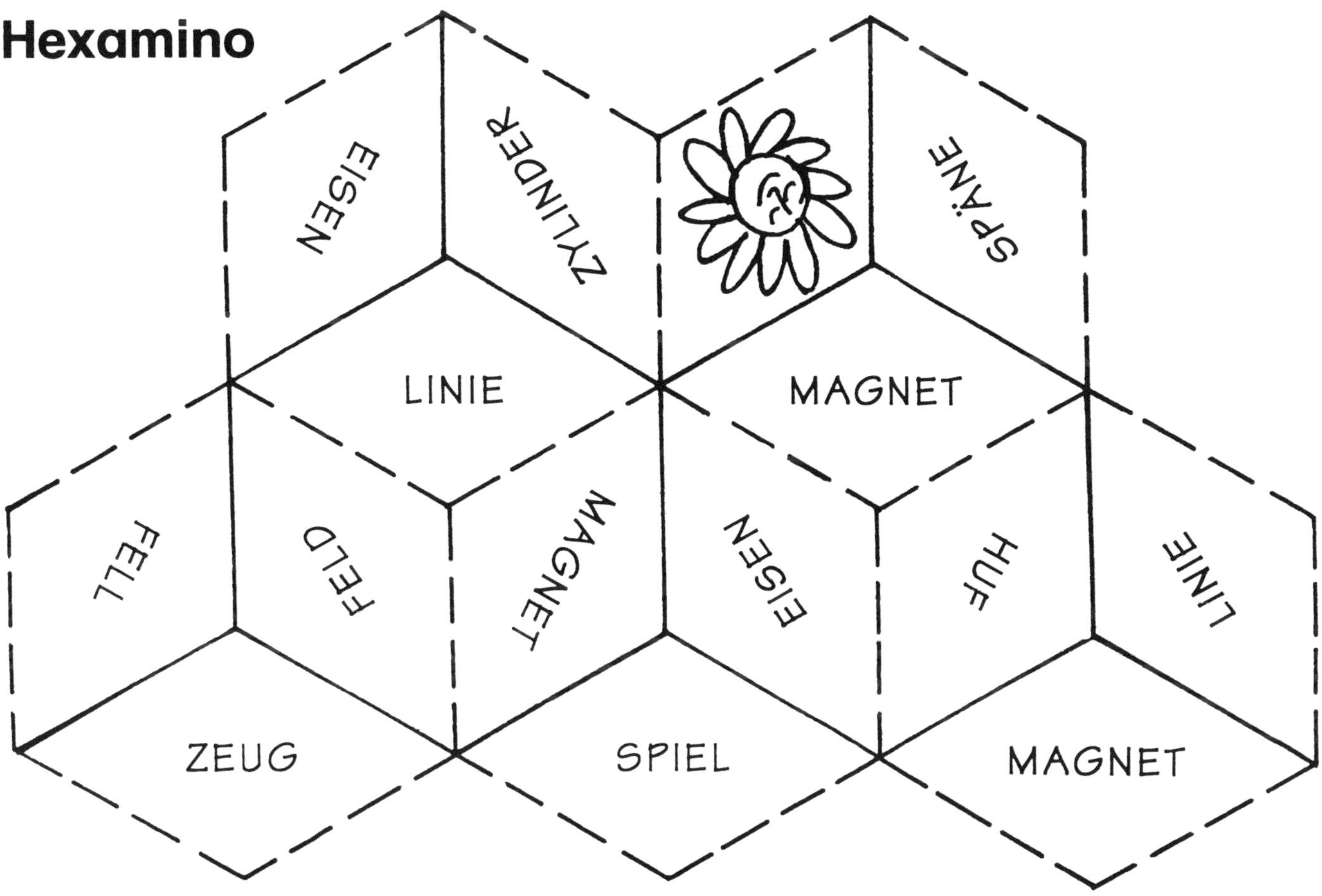

Wabenspiel E

Das Wabenspiel ist geeignet, zu vorgegebenen Eigenschaften einen Oberbegriff zuzuordnen. Die ausgeschnittenen Dreiecke werden passend in die Sechsecke gelegt.

Wenn diese auf der Rückseite verschieden eingefärbt werden, ergibt sich die Kontrolle durch das so entstehende Muster.

Beispiel:

Variante 1:

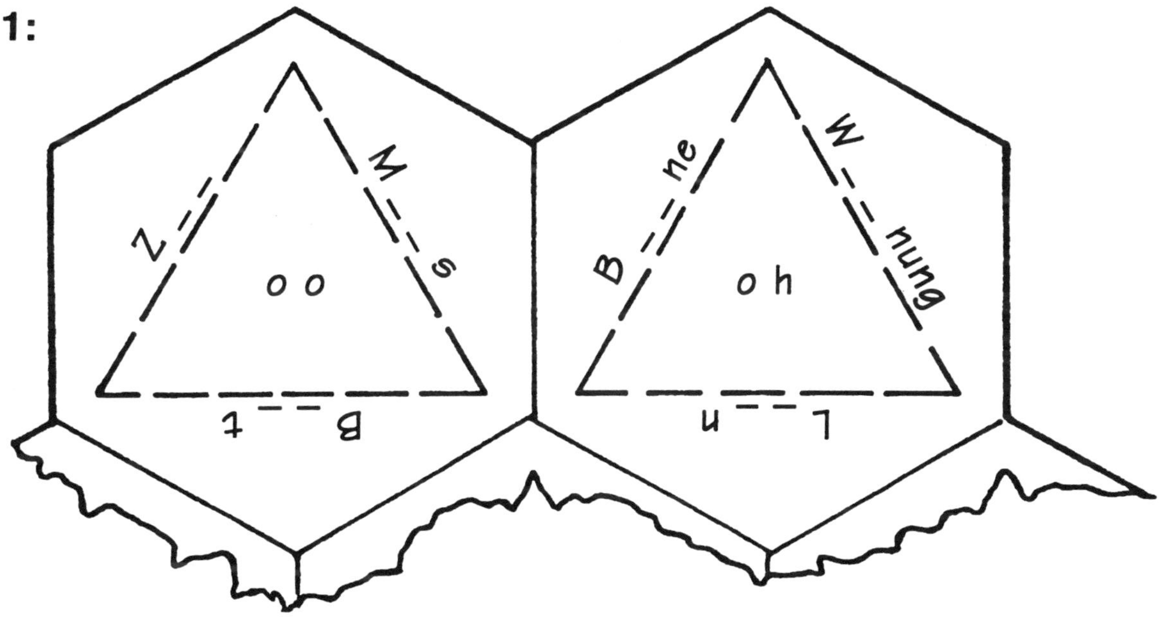

Variante 2:

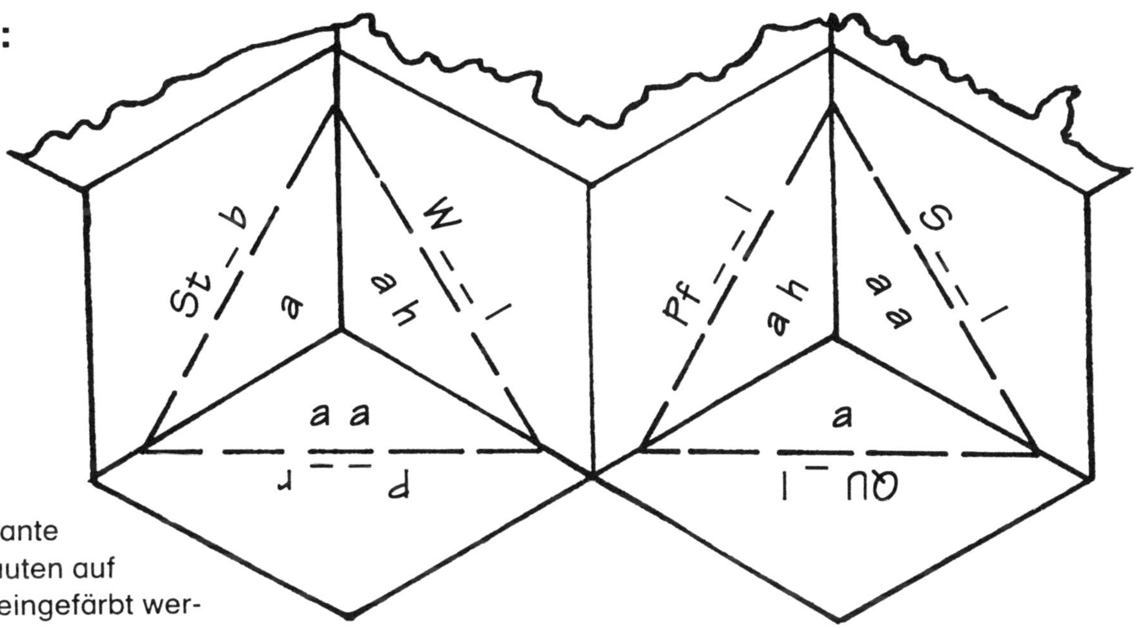

Bei dieser Variante müssen die Rauten auf der Rückseite eingefärbt werden, um Verwechslungen zu vermeiden.

Quartett/Terzett P,G

Es gelten die üblichen Quartettspielregeln. Gefragt wird nach dem unterstrichenen Wort. Die Karte bekommt man aber nur dann, wenn man die aufgedruckten Formen richtig aufsagt.

Schwarzer Peter P,G

Abweichend von der normalen Spielregel muss auch hier – wie beim Quartettspiel – die gesuchte Karte erfragt werden.

Beispiel:

1.1	1.2
viel groß dick heiß ▪▪▪▪▪▪▪▪▪▪▪ viel mehr am meisten	viel groß dick heiß ▪▪▪▪▪▪▪▪▪▪▪ groß größer am größten
1.3	**1.4**
viel groß dick heiß ▪▪▪▪▪▪▪▪▪▪▪ dick dicker am dicksten	viel groß dick heiß ▪▪▪▪▪▪▪▪▪▪▪ heiß heißer am heißesten

Schnipp-Schnapp P,G

Alle Spieler haben einen Stapel mit verdeckten Karten vor sich liegen. Der Reihe nach deckt jeder eine seiner Karten auf. Liegen zwei zueinander passende Karten auf dem Tisch, bekommt der Spieler, der als Erster „Schnipp-Schnapp“ ruft, die auf dem Tisch liegenden Karten. Gewonnen hat, wer zum Schluss alle Karten hat.

AN	AUF	UNTER	VOR	BEI
ZU	BAU	SPIEL	SCHRIFT	FALL
RECHT	LAGE	STAND	GABE	FAHRT

E,P

Auf der Vorderseite steht ein Begriff oder eine Frage, auf der Rückseite die Definition bzw. die Antwort.

Die beiden Partner sitzen sich gegenüber. Der eine zeigt seinem Gegenüber die Seite mit der Aufgabe. Dieser liest sie vor und sagt die Lösung. Der Partner bestätigt und gibt ihm die Karte. Bei einem Fehler legt er sie unter den Stapel zurück. Der Reiz liegt in der Höhe des Stapels der gewonnenen Karten.

Karteikarten können die Schüler selbst herstellen. Es empfiehlt sich, dass jeder Schüler seinen eigenen Karteikasten führt mit dem im Unterricht erarbeiteten Grundwissen. Zusätzlich können aber auch Karteien nach speziellen Gesichtspunkten erstellt werden (z.B. Einüben von Rechtschreibregeln, unregelmäßigen Verben).
Karteikarten sind auch besonders geeignet als Fragekarten für das „Schlangen-Leiter-Spiel".
(siehe Würfelspiele)

Beispiele:

D **G 12**

Zu welcher Wortart gehören diese Wörter:

lustig – unklug – zierlich – frech?

D **B 3**

Welche Bücher schrieb Erich Kästner?

D **A 1**

Wie kann man sich bewegen?

Nenne treffende Verben!

D **R 7**

Wie enden diese Nomen? Warum?

Die –, Lan –, Ty –, Krau –, Hun –, Sie –, Bar –, Ra –, Klan –

Elektrospiele

E

Ein solcher Holzkasten kann z.B. im Technikunterricht angefertigt werden. Die Blätter können auf Pappe aufgezogen, gemäß der Verkabelung beschriftet und gelocht werden.
Je ein Begriff o.Ä. auf der linken Seite muss dem entsprechenden Begriff auf der rechten Seite zugeordnet werden. Bei richtiger Zuordnung leuchtet die Birne.

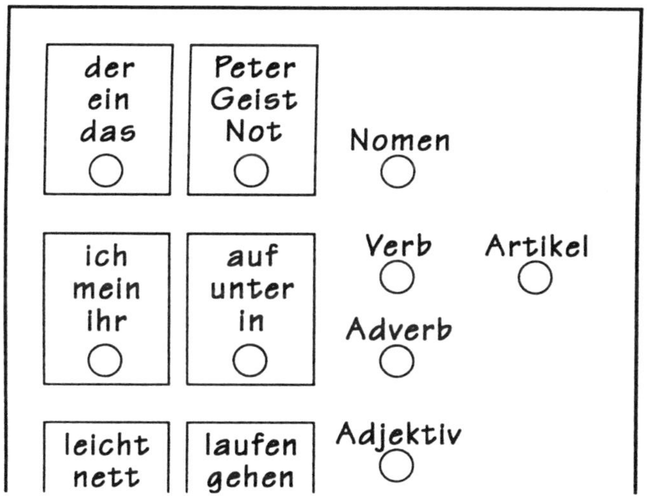

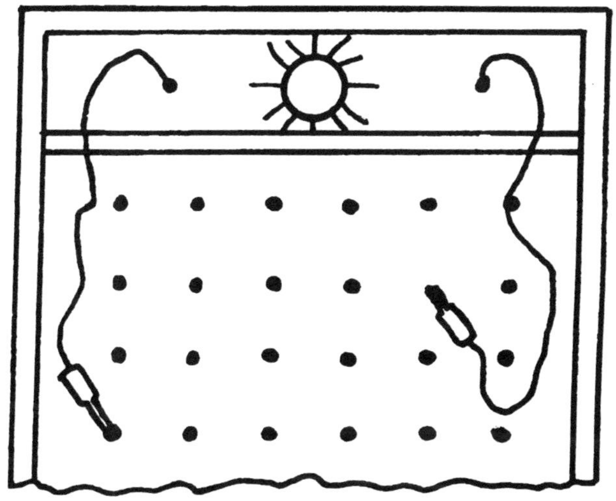

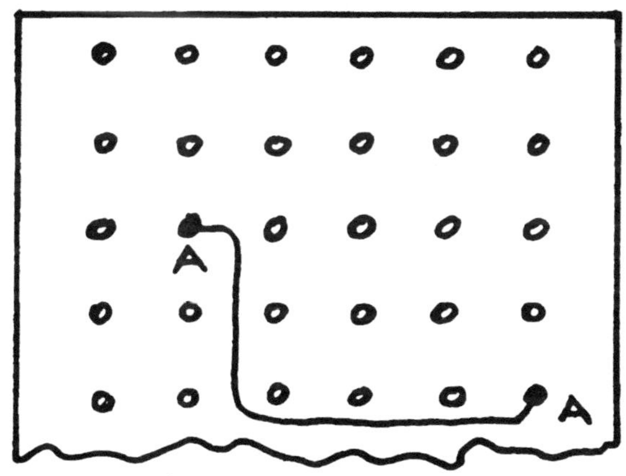

Rückseite (Verkabelungsplan)

Wörter- (Satz-) Baumaschine

E, P

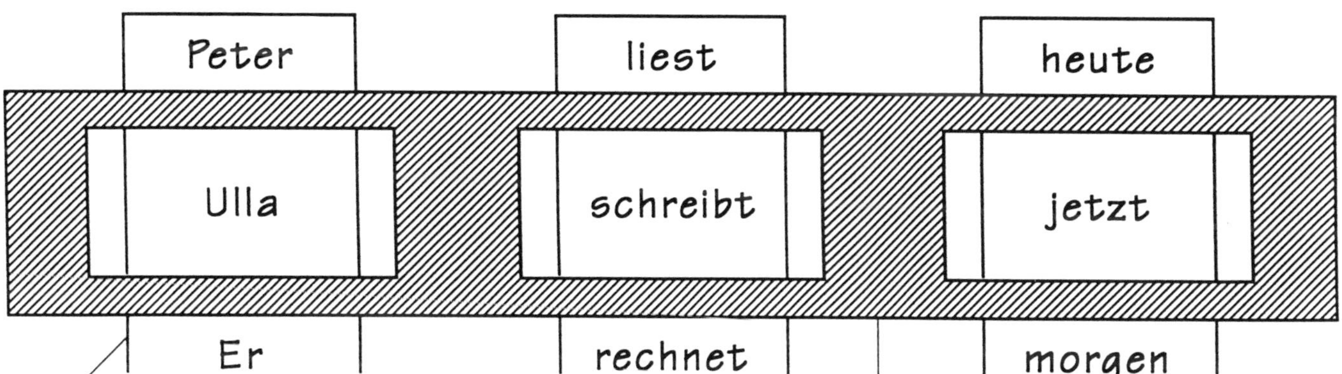

Streifen zum Durchschieben

„Maschine aus Pappe“

Die Streifen werden ausgeschnitten und damit die Maschine „gefüttert“. Durch Hin- und Herziehen eines Streifens (Satzgliedes) sind Ersatzproben möglich, durch Vertauschen von Streifen Umstellproben. Weitere Streifen mit anderen Satzgliedern können von den SchülerInnen erstellt und hinzugefügt werden. Eine Kontrollmöglichkeit kann durch farbliche oder symbolische Kennzeichnung auf der Rückseite gegeben werden.

P,G

Die Spielpläne (Vorlagen im Anhang) werden ausgeschmückt, auf Pappe aufgezogen und mit Folie überzogen. Zusätzlich müssen noch Aufgaben- bzw. Fragekarten angefertigt werden (siehe Beispiele!). Hierzu eignen sich natürlich auch die Karteikarten.

k oder ck?

Fabri _

Mo _ a

Pi _ ni _

Taba _

Welcher Peter macht den größten Lärm?

Ein Zauberer hat dich in ein komisches Tier verwandelt.

Erzähle!

Welches Wort ist ein Nomen?

BRINGEN – VIER – ICH – IDEE – MEIN

Spielregeln:

Zu „Donald Duck“

Wenn ein Spieler beim Würfeln ein quadratisches Feld erreicht oder passiert, muss er eine Frage beantworten. Nennt er die richtige Antwort, gewinnt er die Karte. Wenn nicht, bleibt er stehen. Gewonnen hat, wer am Ende, d.h. wenn der Erste ins Ziel gelangt ist, die meisten Karten besitzt.

Zum Schlangen-Leiter-Spiel

Auf das Feld mit dem Fragezeichen wird ein Stapel mit Frage- oder Aufgabenkarten gelegt. Wie in jedem normalen Würfelspiel bekommt jeder Spieler einen andersfarbigen Spielstein. Es wird reihum gewürfelt und um die Augenzahl vorwärts gegangen. Bei einer 6 darf der Wurf wiederholt werden. Wenn ein Spieler auf ein Feld kommt mit dem Fuß einer Leiter, muss er eine Fragekarte nehmen. Wenn er die Frage richtig beantwortet, darf er bis zum Ende der Leiter hinaufklettern. Wenn nicht, bleibt er stehen. Die Fragekarte wird unter den Stapel gelegt. Gelangt man auf ein Feld mit einem Schlangenkopf, muss man auch eine Fragekarte nehmen. Beantwortet man sie nicht richtig, muss man bis zum Schwanzende hinunterrutschen.

Gewinner ist, wer als Erster mit der genauen Augenzahl das Siegerfeld erreicht.

Spielvariante:

Auch wenn der Spieler die Felder „Leiterfuß“ bzw. „Schlangenkopf“ überquert, muss er anhalten und eine Frage beantworten.

P,G

Vorbereitung:

Die Würfelnetze werden auf Holzwürfel geklebt und mit Folie überzogen.

Würfelrohline (Kantenlänge 30 mm) für Netze können Sie beim Verlag an der Ruhr bestellen. Mindestabnahmemenge 10 Stück, 6,- DM.

Wortbausteinwürfel

Mit den fertigen Würfeln werden, wenn bei einem Wurf möglich, Wörter gebaut. Pro benötigtem Baustein bekommt der Spieler einen Punkt (Chip).

Variante:
Es werden nur Würfel mit Vor- bzw. Nachsilben geworfen, die Spieler nennen möglichst viele verschiedene passende Wörter.

Wortwürfel

Es sind Sätze zu bauen, natürlich mit richtiger Deklination bzw. Konjugation.

Wortartenwürfel

Je nach Wurfergebnis sind aus einem Kartenvorrat entsprechende Wörter herauszusuchen.

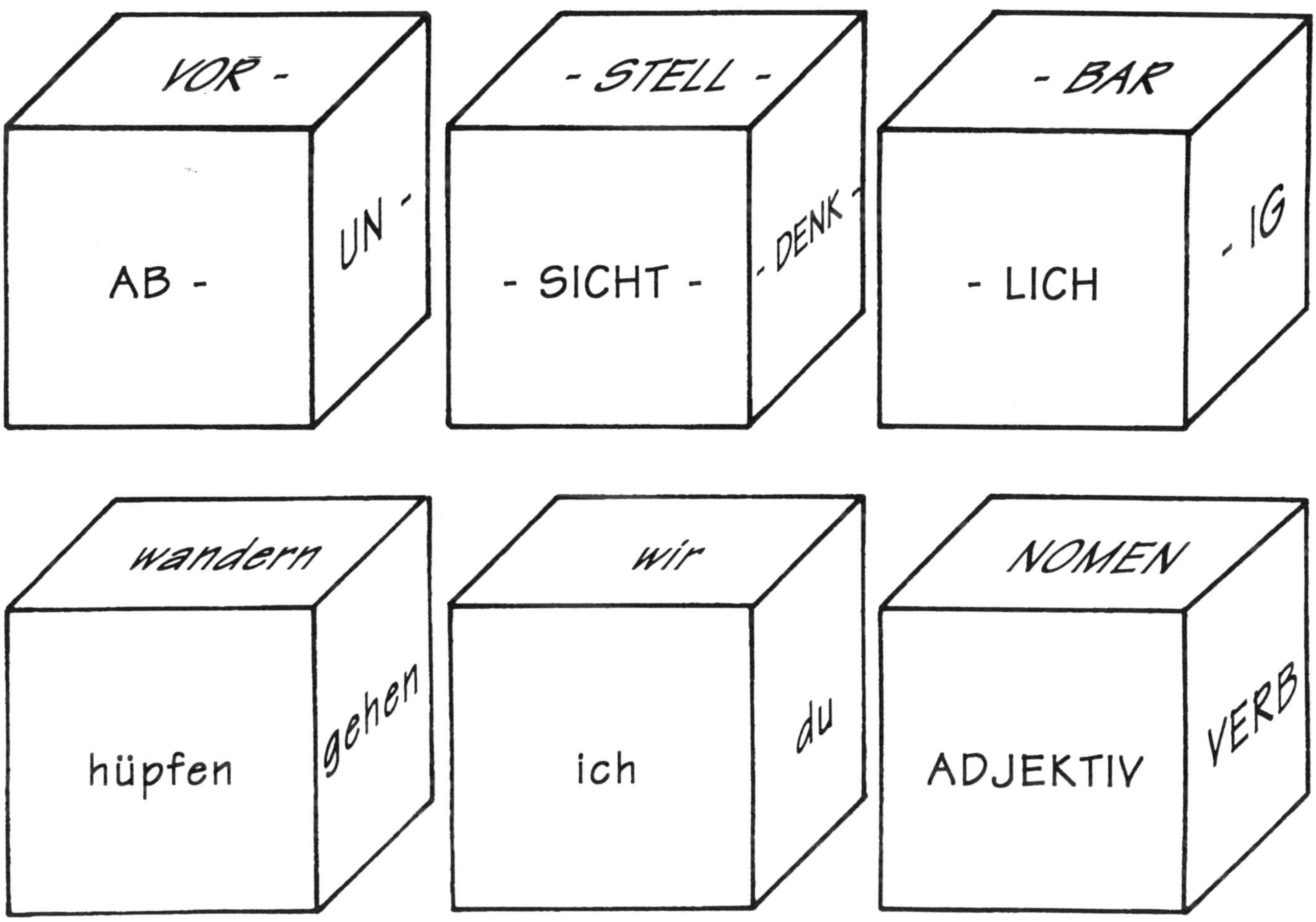

Stadt-Land-Fluss P, G

Da es sich hier um ein bei Kindern sowieso beliebtes Spiel handelt, braucht die Spielregel wohl nicht erklärt zu werden. Um Verstöße gegen die Großschreibung, der Nomen, von vornherein zu verhindern, empfiehlt sich als zusätzliche Regel, den Anfangsbuchstaben zuerst in allen Spalten groß einzutragen und dann erst die Begriffe zu suchen.
Geeignet sind auch Varianten mit anderen Oberbegriffen, wie Tiere, Personen, Pflanzen, Gegenstände ...

Wortmeister P, G

Die Spieler vereinbaren ein möglichst langes Wort. Aus den Buchstaben werden neue Wörter gebildet. Wer als Erster 10 Wörter gefunden hat, stoppt das Spiel. Gepunktet wird wie bei Stadt-Land-Fluss oder nach Vereinbarung (z.B. Punkte pro Buchstabe). Wenn man bestimmte Wortarten üben will, kann man auch entsprechende Anforderungen zusätzlich vereinbaren. Eine reizvolle Variante ist, den Klassenwortmeister zu ermitteln.

Vater plätschert fröhlich in der Badewanne G

Jeder Mitspieler faltet eine DIN-A4-Seite (Querformat) in 4 Spalten und überschreibt sie mit „Wer?“, „Tut?“, „Wie?“, „Wo?“. Jeder trägt in die linke Spalte ein Subjekt ein, knickt den Streifen nach hinten um und reicht das Blatt an seinen linken Nchgang (fertiger Satz) wird vorgelesen.

Varianten:

1. **„Wer?“, „Tut?“, „Wem?“, „Was?“, „Wohin?“;**
2. **„Wann?“, „Tut?“, „Wer?“, „Was?“**
3. **„Wer?“, „Und wer noch?“, „Tun?“, „Was?“ „Wo?“, „Wann?“, „Warum?“.**

Wer?	Tut?	Wie?	Wo?
Vater	plätschert	fröhlich	in der Badewanne

Wörterschlangen P, G

Man beginnt mit einem zusammengesetzten Nomen, z.B. Haustür. Aus dem Grundwort wird ein Bestimmungswort, ein neues Grundwort wird angehängt, usw. So entstehen Wörterschlangen. Wer die längste findet, gewinnt. Eine Variante: „Die Schlange beißt sich in den Schwanz“. Hier muss man zum Anfang zurück.

Beispiel:

H A U S T Ü R
T Ü R S C H L O S S
S C H L O S S G E I S T
G E I S T E R H A U S

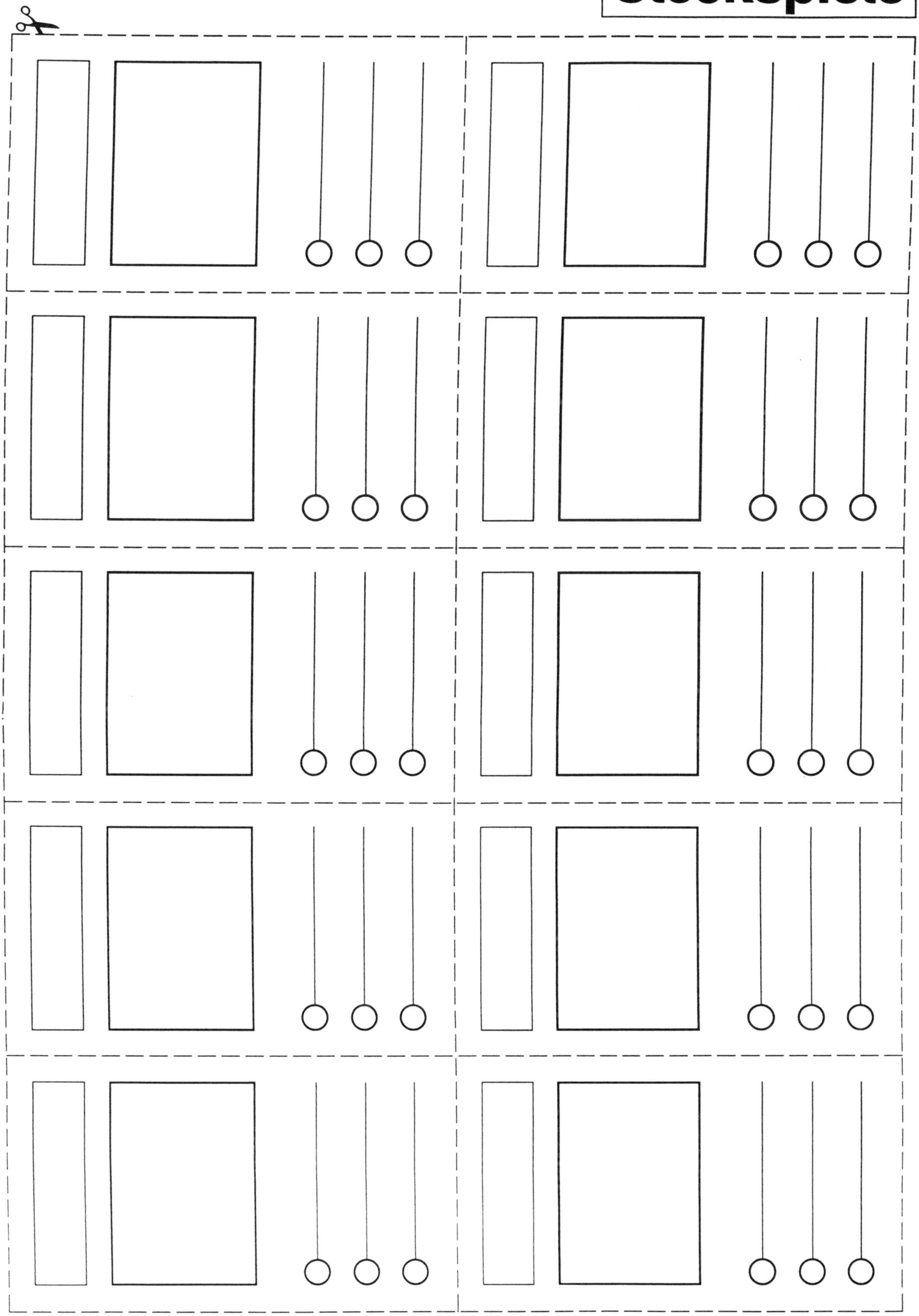

Grundkarten für Lottospiele

Grundkarten für Lottospiele

Deckkarten für Lottospiele

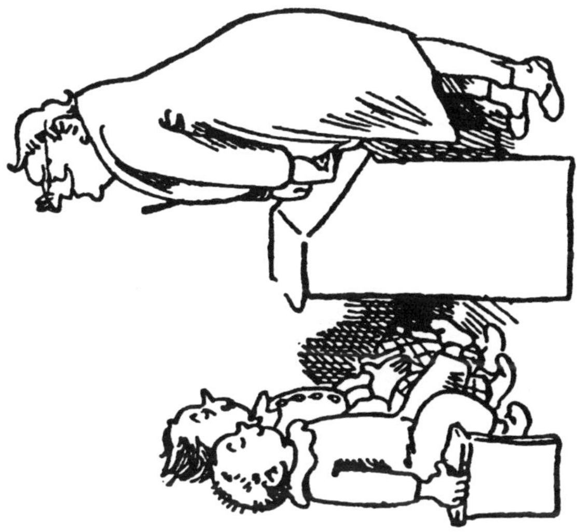

Deckkarten für Lottospiele

Trimino

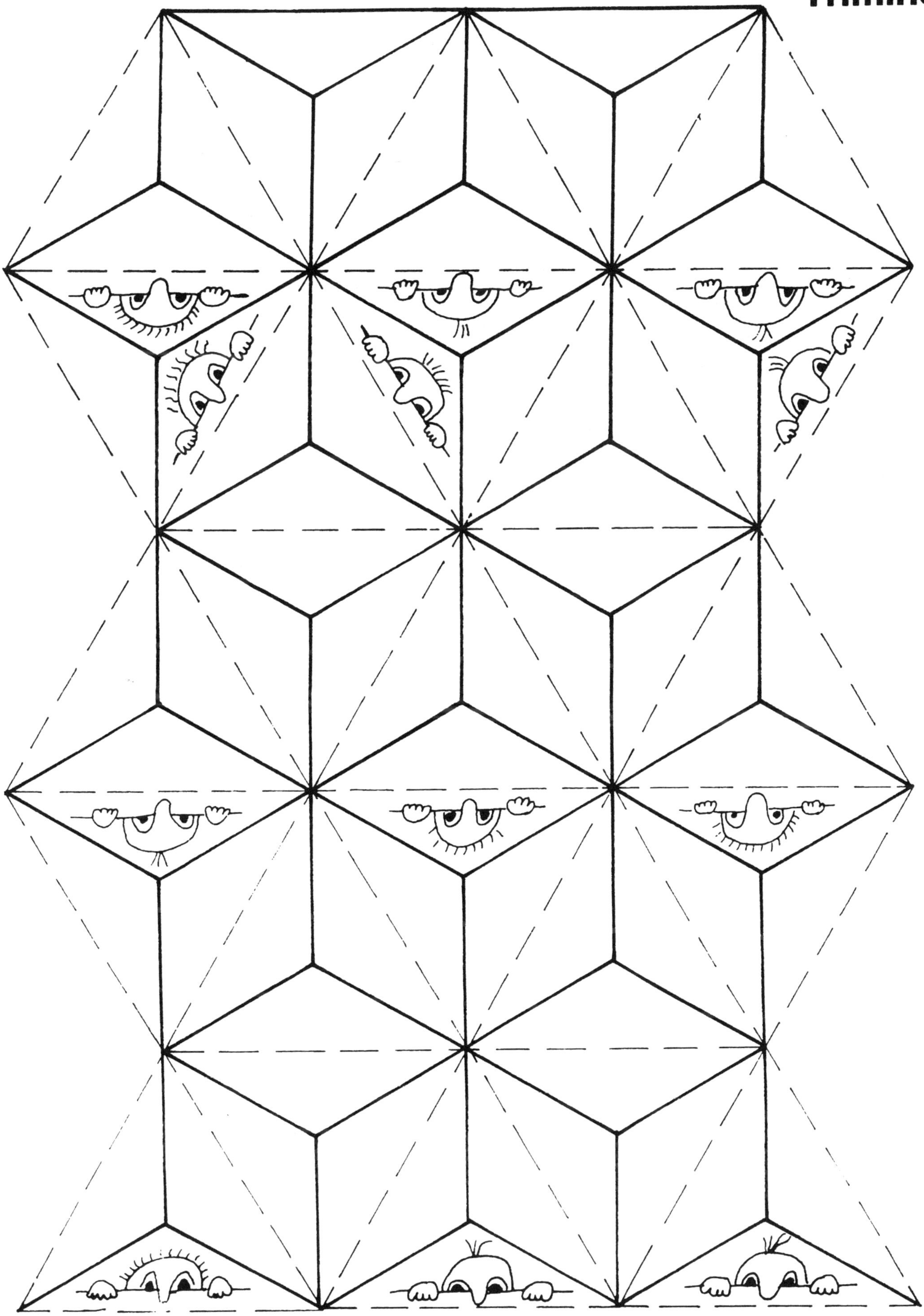

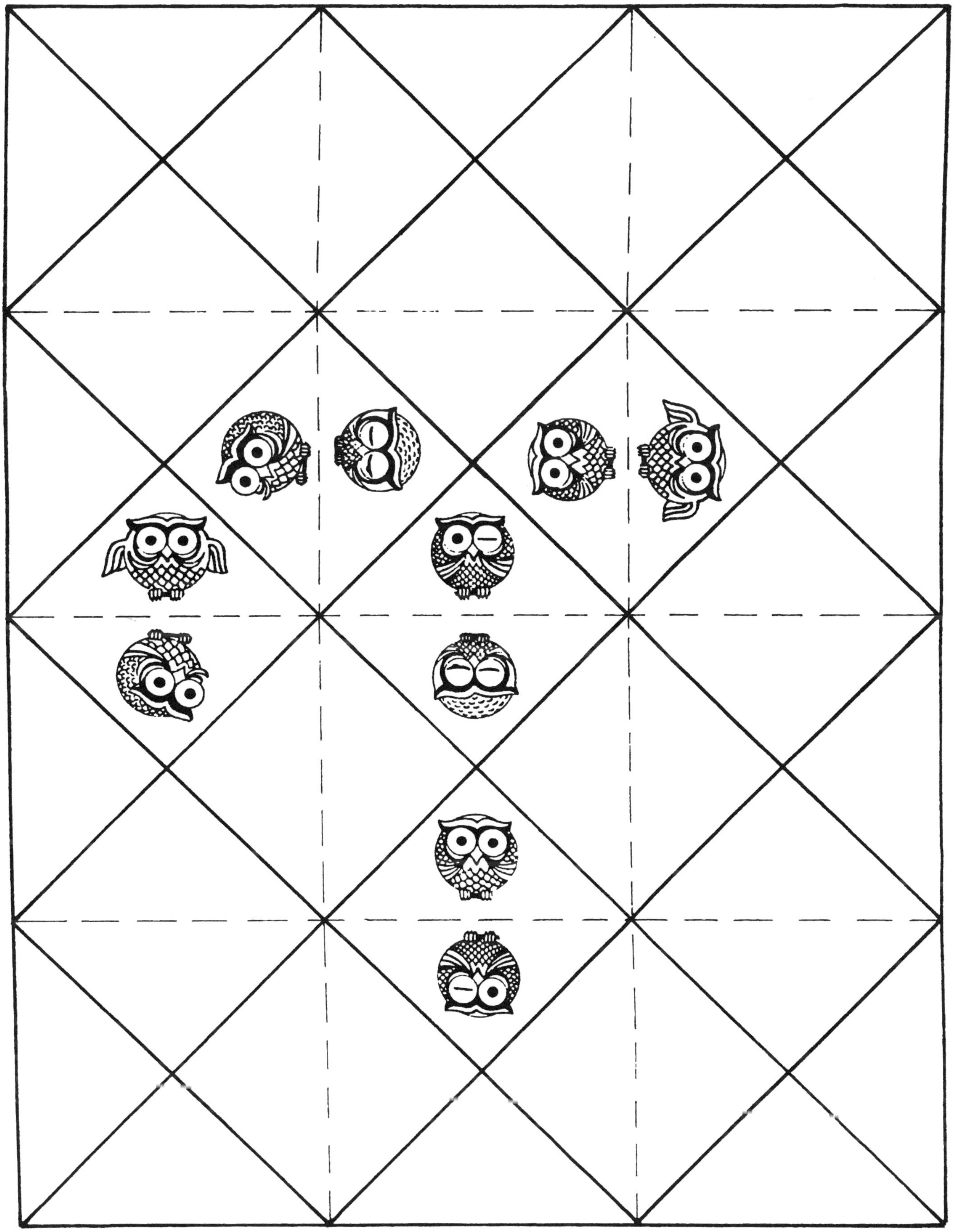

Hexamino

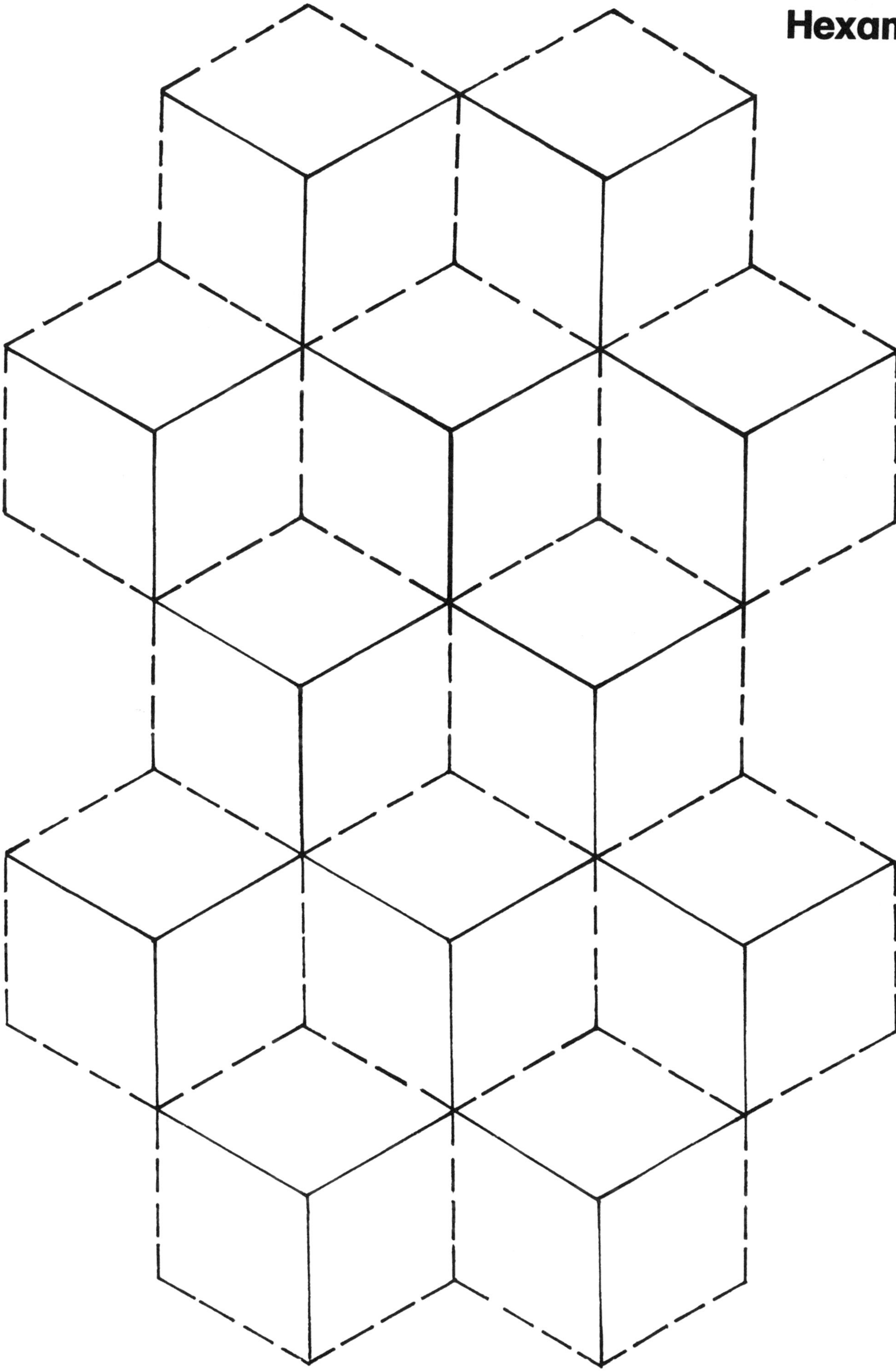

Wabenspiel 1

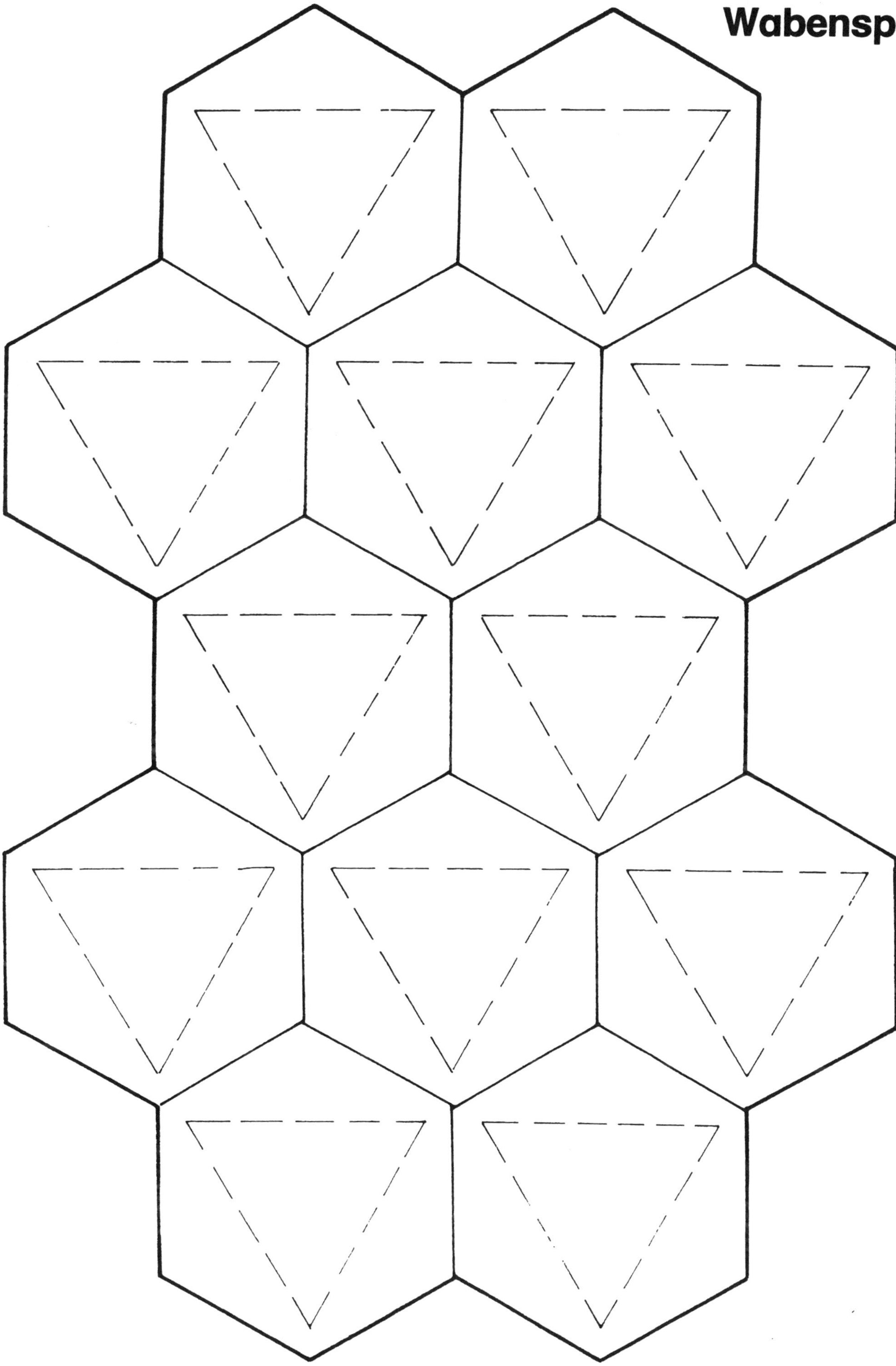

Wabenspiel 2

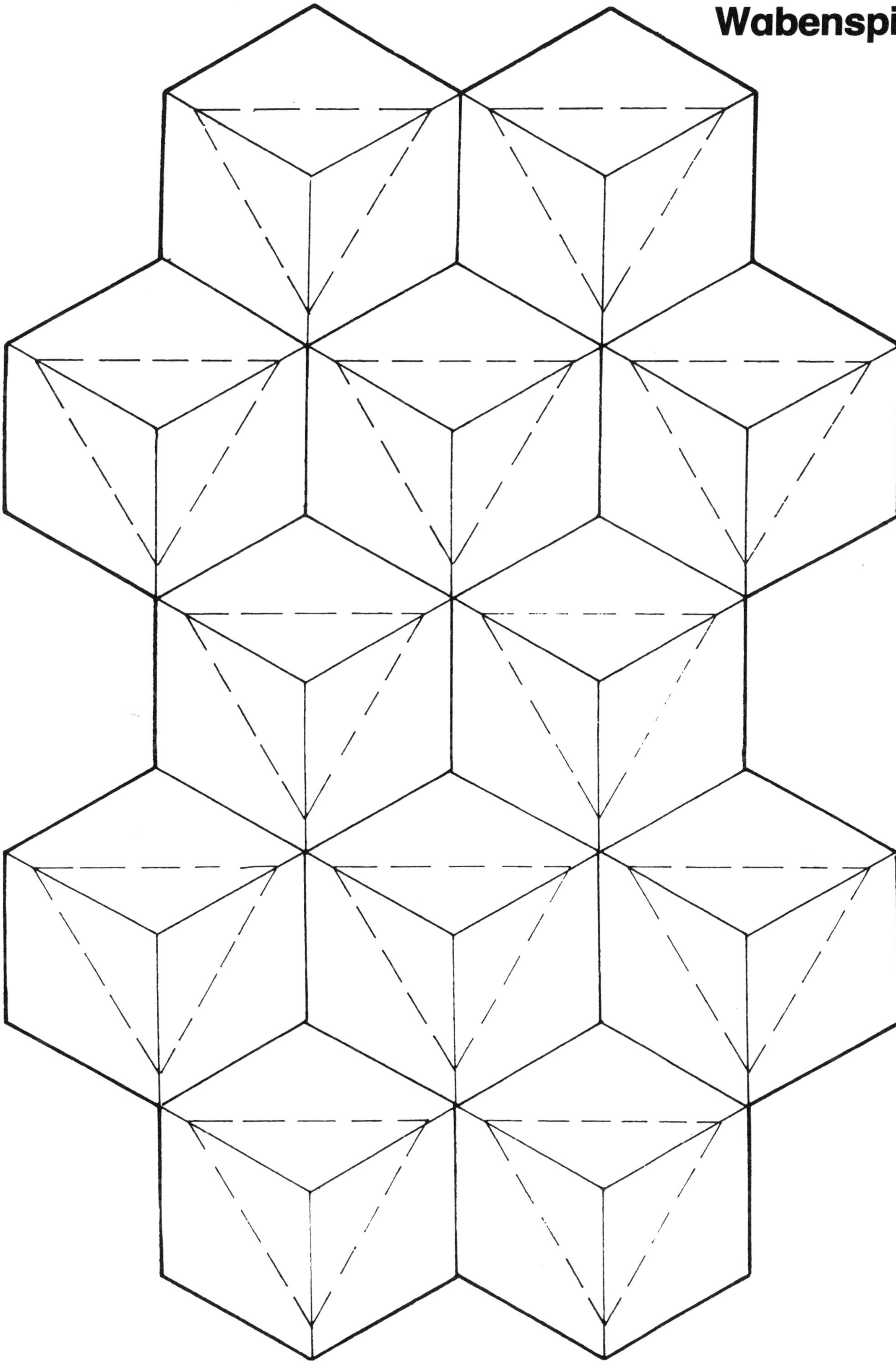

Elektrospiele

Schablone 1

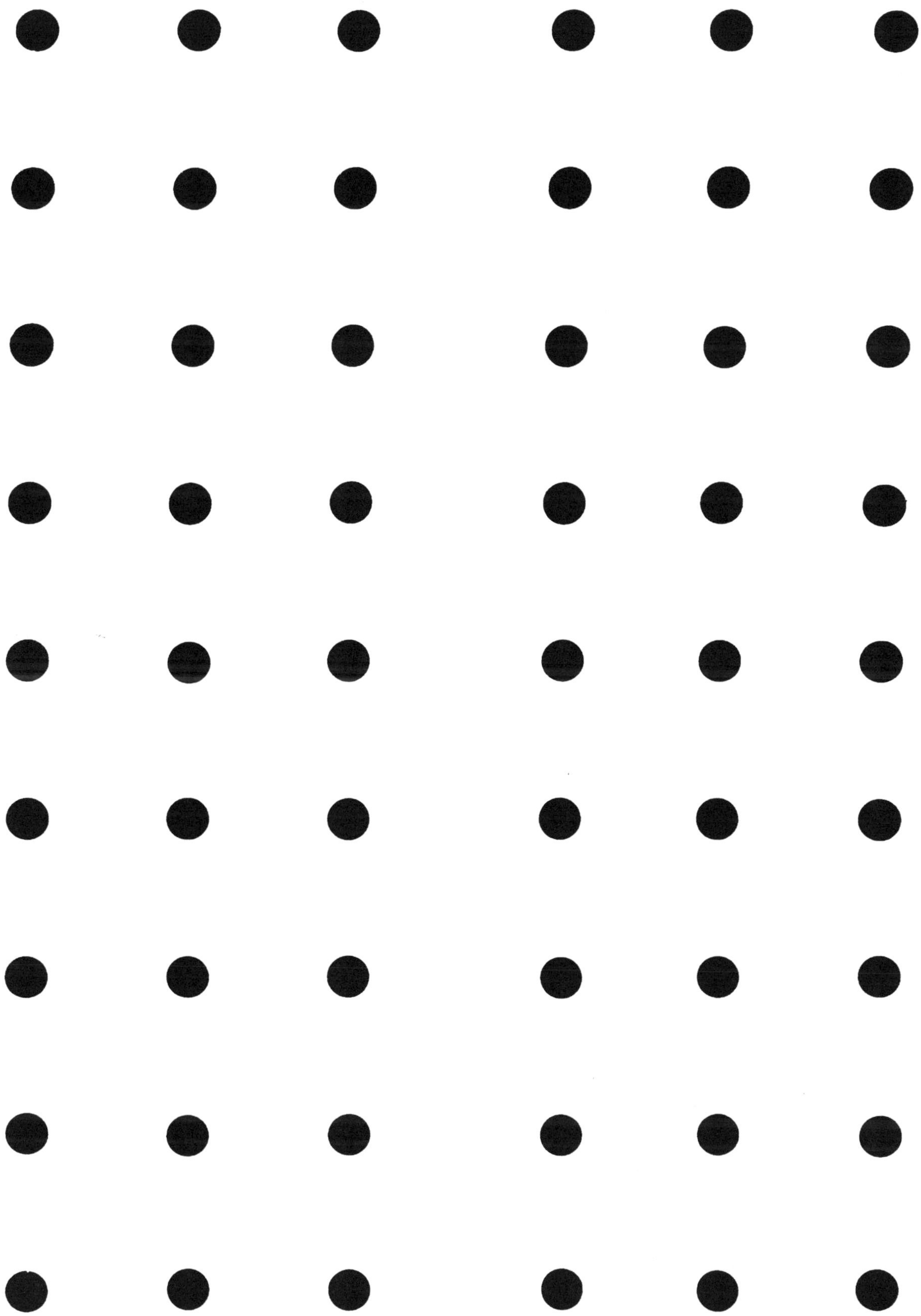

Schablone 2

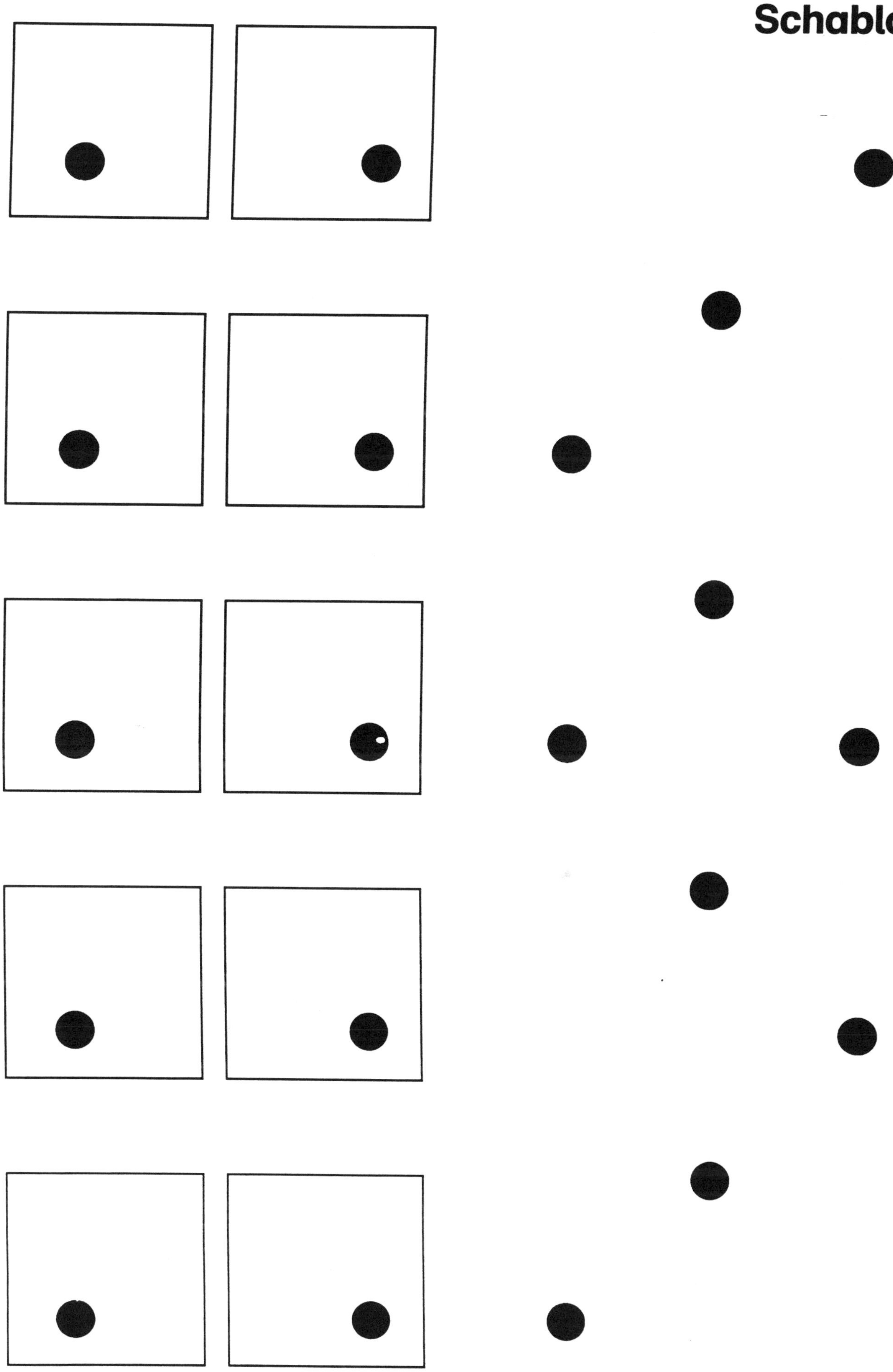

Wörter- (Satz-) Baumaschine

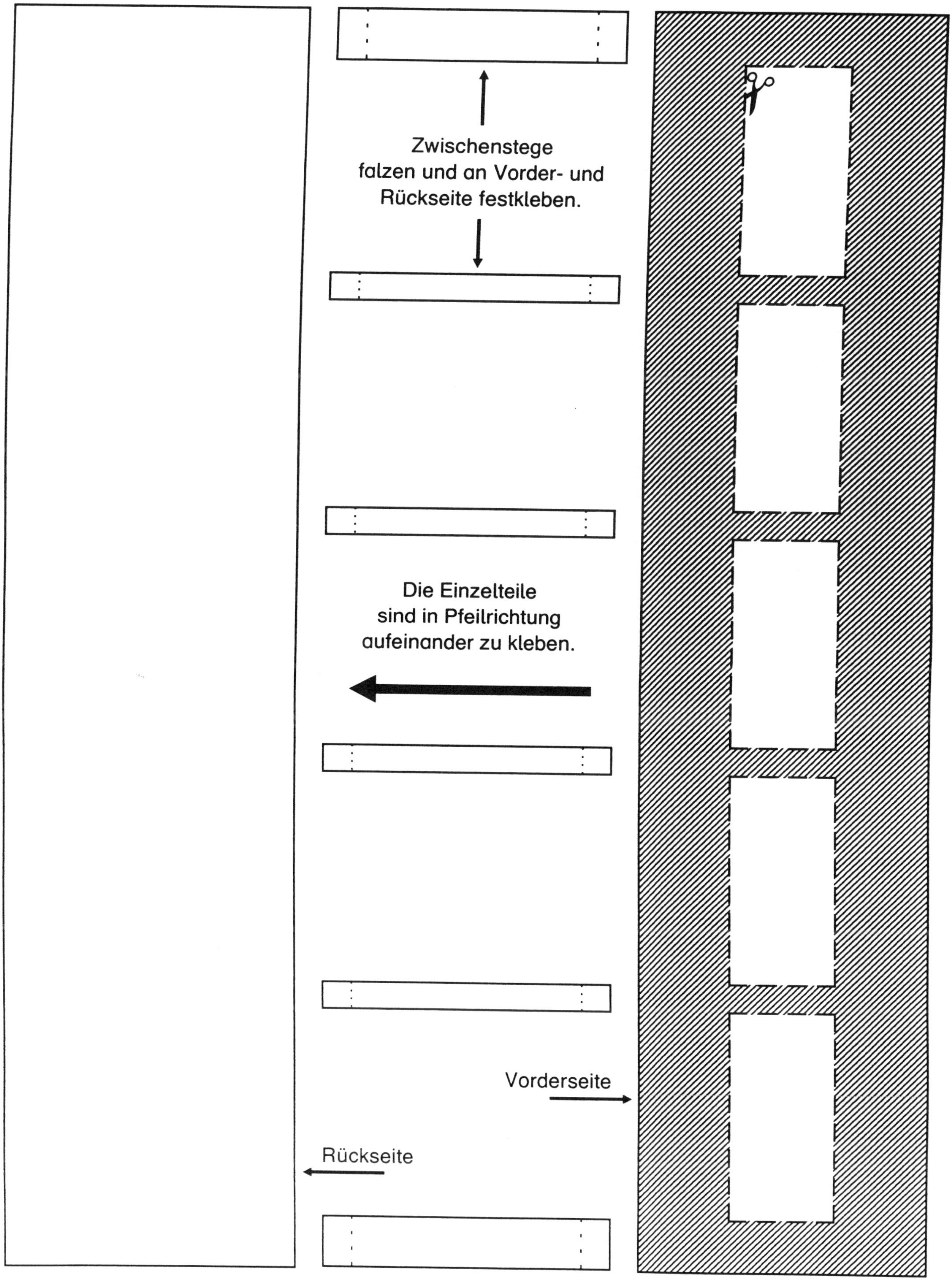

Würfelnetze

- Die durchgezogenen Linien sind Schnittlinien
- Die gestrichelten Linien sind Falzlinien

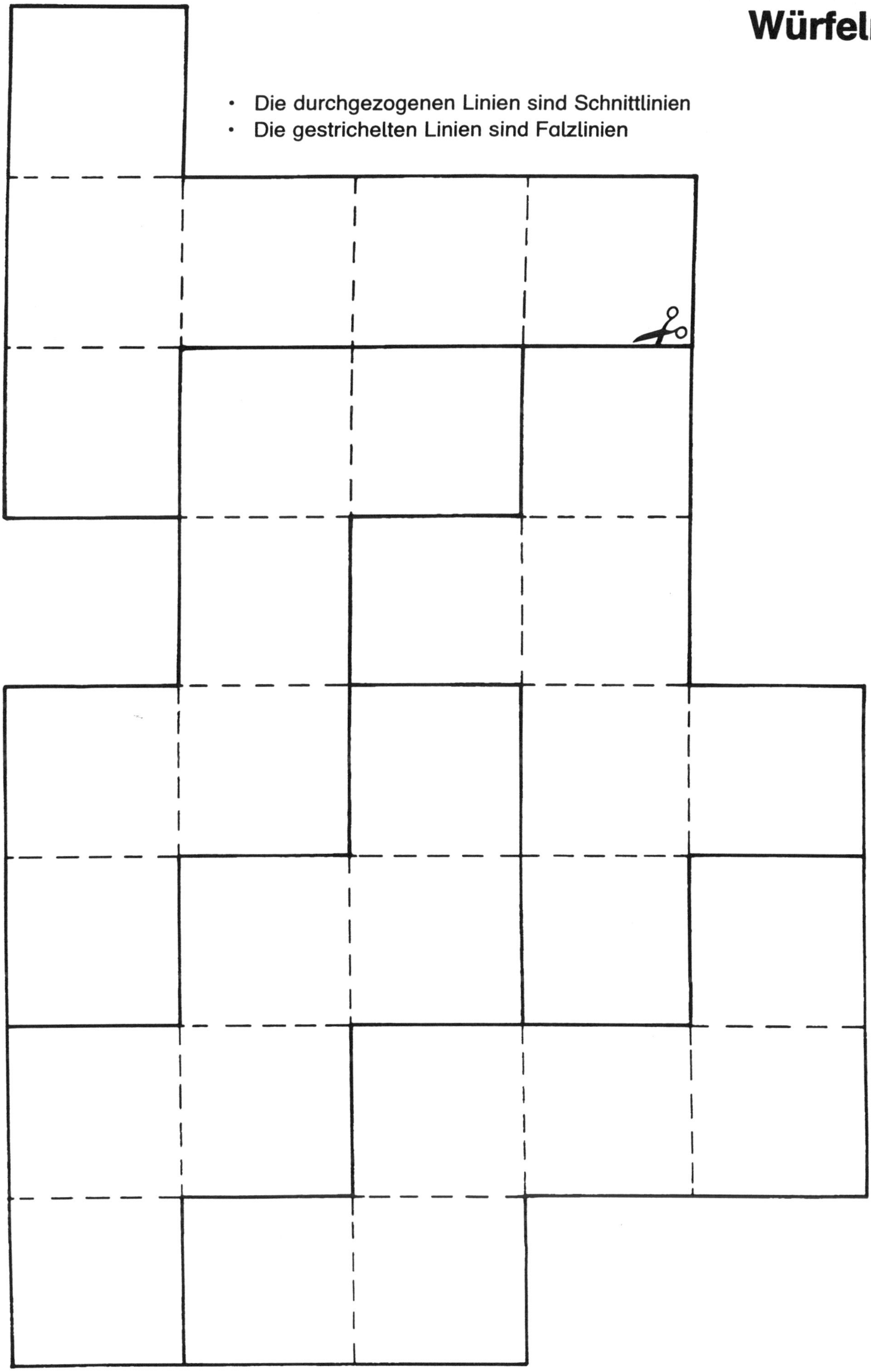

Würfelnetze

- Die durchgezogenen Linien sind Schnittlinien
- Die gestrichelten Linien sind Falzlinien

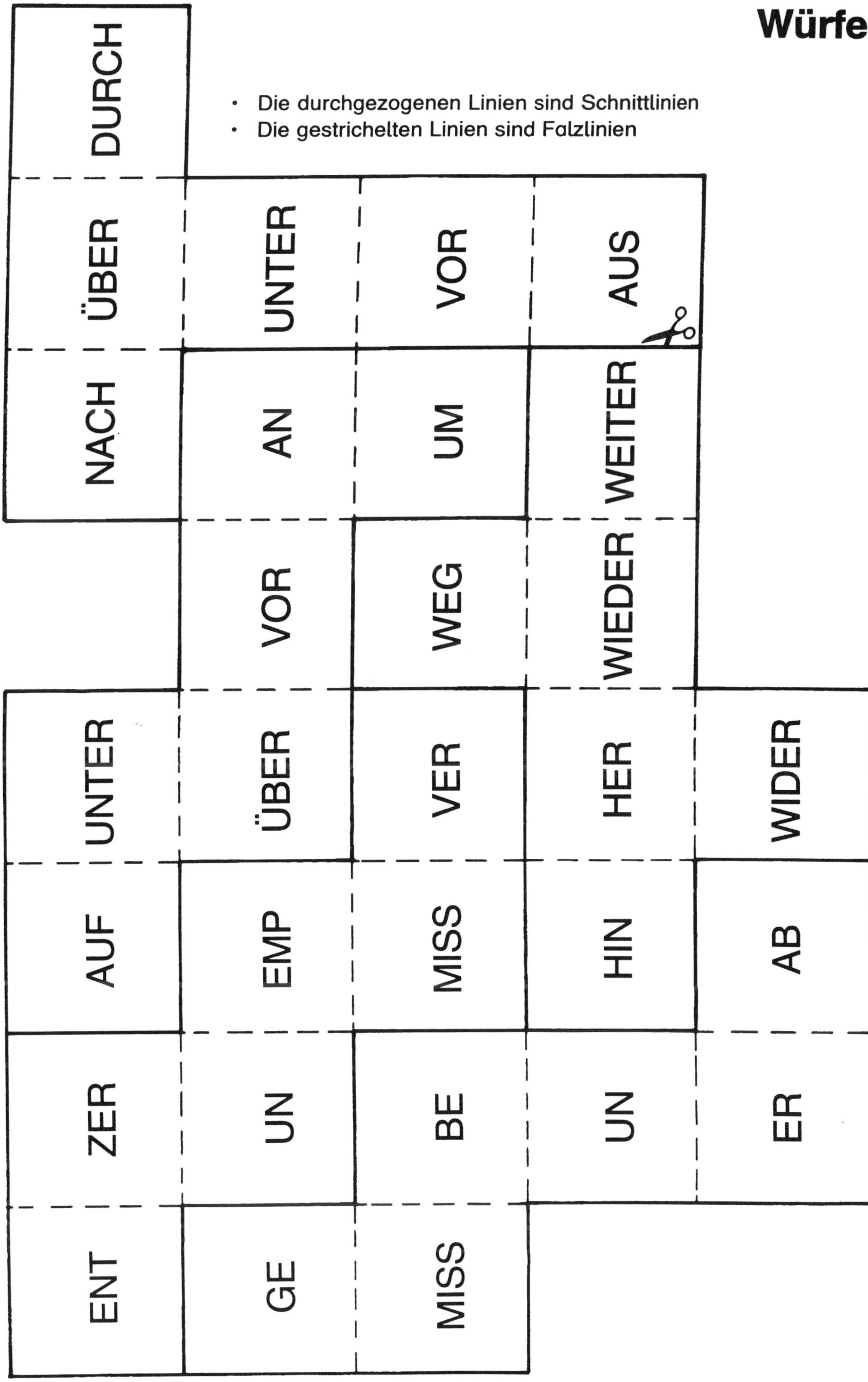

Würfelnetze

- Die durchgezogenen Linien sind Schnittlinien
- Die gestrichelten Linien sind Falzlinien

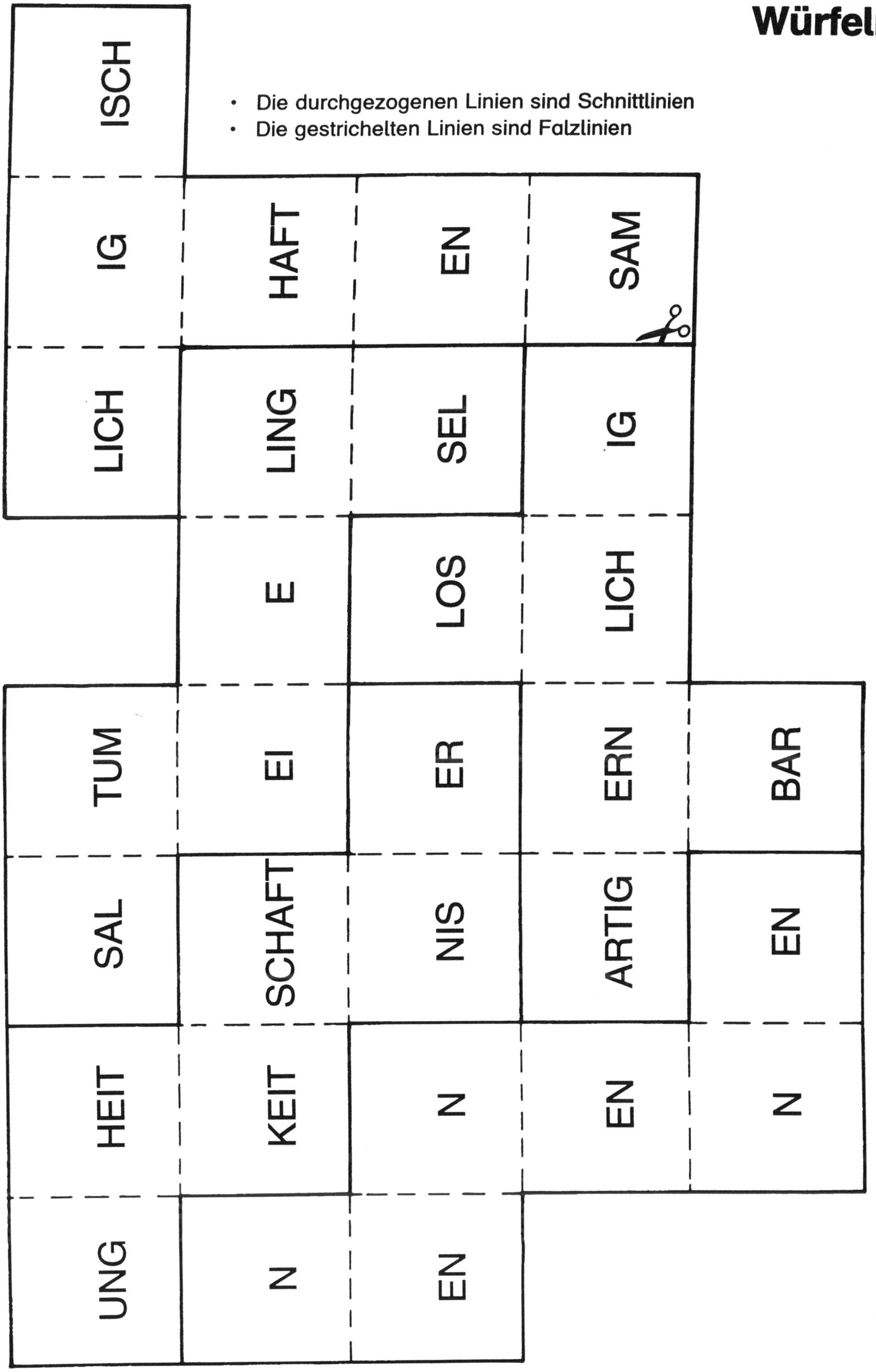

Karten zum Wortartenwürfel

DER	KOMET	LAUF	AUFREGUNG
DIE	ANGST	STUR	HINDERNIS
DAS	KATZE	KIND	UNKINDLICH
EIN	PUNKT	MEIN	ÄNGSTIGEN
MUT	MUTIG	ARM	FREUNDLICH
RUF	RUFEN	GRÜN	ZAPPELIG
WELT	EINE	WUND	ZAUBER
FREMD	FREMDE	ER	ZAUBEREI
ALT	FRIEDE	IN	ZAUBERN
ZU	BERUF	ACHT	ZAUBERER

Beispiel aus dem Rechtschreibunterricht:

S - Laute

Dieses Beispiel soll zeigen, wie zu einem eingeschränkten Übungsbereich aus der Rechtschreibung unterschiedliche Spiele hergestellt werden können, die zum Teil nur Teilaspekte berücksichtigen (siehe z.B. Elektrospiel und Steckspiel „Vokale"), z.T. aber auch die gesamten Schwierigkeiten enthalten (Trimino, Wabenspiel u.a.).
Eingesetzt werden können die Beispiele in der Freien Arbeit wie folgt:

1. Die Schüler bekommen einen Arbeitsplan.
   Z.B.:

THEMA	AB	KARTEI	SPIELE	SONSTIGES
1. Wir unterscheiden lange und kurze Vokale	1		Elektro. 1 Stecksp. 1	Kassette Beispiel 1
2. ...				

2. Die Schüler arbeiten selbstständig mit diesem Plan, verbindlich sind die Arbeitsblätter, die Spiele dienen der Vertiefung und Übung.

Anmerkungen zu den Wortkarten:

Es empfiehlt sich, zur Kontrolle die richtigen Buchstaben auf die Rückseite zu schreiben. So lassen sich die einzelnen Kärtchen zusammen mit den Wortwürfeln dem (vergrößerten) Spielplan „Sortiermaschine" sowie den Würfelspielplänen einsetzen.

S - Laute: Steckspiel - Lange und kurze Vokale

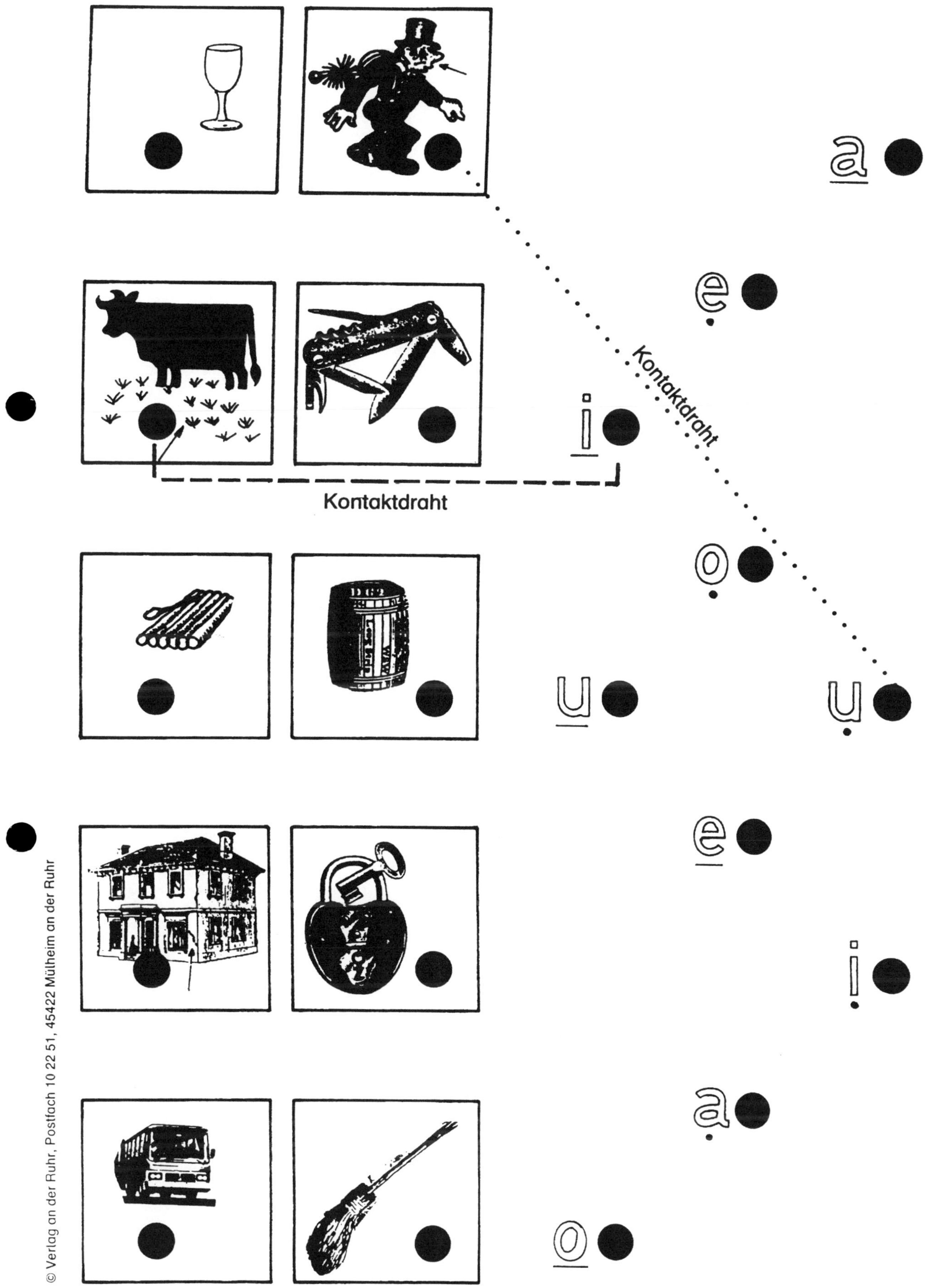

S - Laute: Steckspiel

Vokale	Vokale	Vokale	Vokale
reisen	fleißig	Mist	Laus
lang / kurz	lang / kurz	lang / kurz	lang / kurz
Vokale	**Vokale**	**Vokale**	**Vokale**
grausen	nass	Nase	Wasser
lang / kurz	lang / kurz	lang / kurz	lang / kurz
Vokale	**Vokale**	**Vokale**	**Vokale**
Moos	Rose	los	bis
lang / kurz	lang / kurz	lang / kurz	lang / kurz
Vokale	**Vokale**	**Vokale**	**Vokale**
lang / kurz	lang / kurz	lang / kurz	lang / kurz

S - Laute: Steckspiel

S – Laute düsen ○ Stimm-haft ○ Stimm-los	S – Laute fließen ○ Stimm-haft ○ Stimm-los	S – Laute Fliesen ○ Stimm-haft ○ Stimm-los	S – Laute grinsen ○ Stimm-haft ○ Stimm-los
S – Laute bremsen ○ Stimm-haft ○ Stimm-los	S – Laute nass ○ Stimm-haft ○ Stimm-los	S – Laute hassen ○ Stimm-haft ○ Stimm-los	S – Laute müssen ○ Stimm-haft ○ Stimm-los
S – Laute brausen ○ Stimm-haft ○ Stimm-los	S – Laute draußen ○ Stimm-haft ○ Stimm-los	S – Laute Maus ○ Stimm-haft ○ Stimm-los	S – Laute Bus ○ Stimm-haft ○ Stimm-los
S – Laute ○ Stimm-haft ○ Stimm-los	S – Laute ○ Stimm-haft ○ Stimm-los	S – Laute ○ Stimm-haft ○ Stimm-los	S – Laute ○ Stimm-haft ○ Stimm-los

S - Laute: Lege- oder Kartenspiele

Zwecks besserer Haltbarkeit sollten die Kärtchen (evtl. vergrößert) auf Karton fotokopiert und foliiert werden.

SO	ßE	RAS	SE
BUS	SE	FLOS	SE
RA	SEN	STRA	ßE
FLÖ	ßE	RO	SE
MAS	SE	MA	ßE
ROS	SE	RUS	SE
BU	ßE	BU	SEN

Steckspiel

S – Laute	S – Laute	S – Laute	S – Laute
bla _	Na _ e	Kla _ e	Va _ e
○ s	○ s	○ s	○ s
○ ss	○ ss	○ ss	○ ss
○ ß	○ ß	○ ß	○ ß

Deckkärtchen für Lottospiele

ass	auß
ess	eiß
oss	üß
iss	oß
uss	ieß

Würfelnetze

stimm-haft	stimm-los	stimm-haft
lang	stimm-haft	
kurz	stimm-los	
lang	stimm-los	
lang	kurz	lang

Grundkärtchen für Lottospiele

n ____	Str ____
Str ____	h ____ en
B ____	s ____ en
h ____ en	Kl ____
N ____	Sp ____

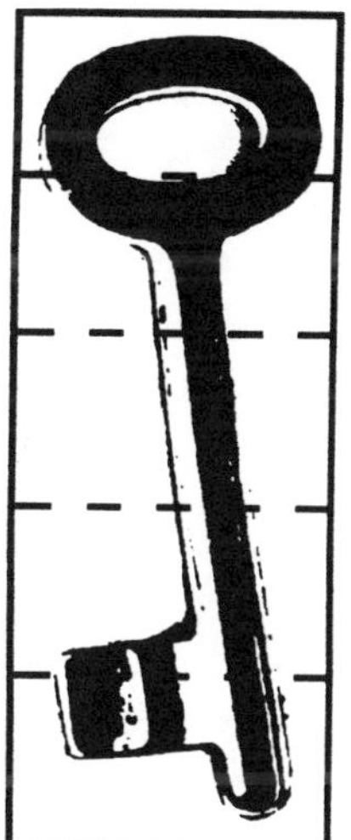

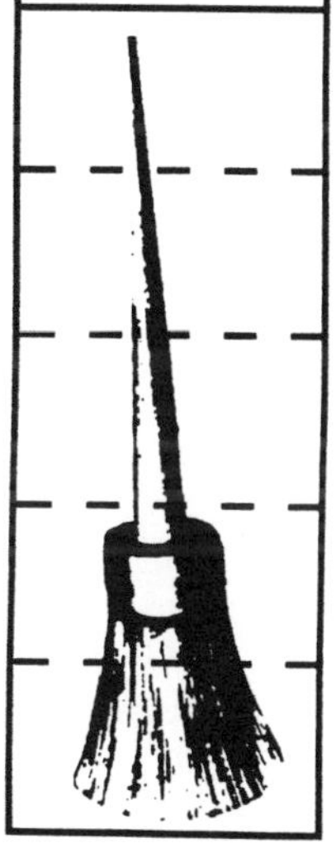

Deckkärtchen für Lottospiele

S - Laute

Übungskärtchen, z.B. als Aufgabenkärtchen bei Würfelspielen oder als Schnipp-Schnapp-Karten.

Grima?e	vermi?en	Bo?	Stra?e
Strä?chen	Entschlu?	Flu?e	Bu?e
entschlo?en	vermie?en	Bo?e	Genu?
geno?en	Beschlu?	Bu?	Pa?
abschü?ig	genie?en	la?	la?en
Grä?chen	Gä?chen	Spei?e	spie?en

S - Laute

Übungskärtchen, z.B. als Aufgabenkärtchen bei Würfelspielen oder als Schnipp-Schnapp-Karten.

wi?en	to?en	dö?en	ma?ig	ko?en	Bu?en
mü?en	pa?en	fa?en	schmu?en	lö?en	E?ig
mu?	pre?en	geri?en	sa?en	lo?en	Mei?el
le?en	prei?en	rei?en	gerei?t	die?en	Mei?e
me?en	fa?eln	flie?en	i?t	dü?en	ma?iv

S - Laute

Übungskärtchen, z.B. als Aufgabenkärtchen bei Würfelspielen oder als Schnipp-Schnapp-Karten.

Be?en	Imbi?	Ro?	Fa?	Schlu?	Gemü?e
We?en	Mu?e	Ro?e	Ha?	Ru?e	Ö?e
Fe?el	Gru?	So?e	Rü?el	Drü?e	Va?e
Se?el	Gu?	Sto?	Gefä?	Kä?e	Na?e
Kongre?	Fu?	Schlo?	Kürbi?	Spe?en	Gla?

S - Laute: Sortiermaschine

Gebrauchsanleitung

1. Sortiere die Wörter mit Hilfe der folgenden Fragen!

① Steht vor dem S-Laut ein Vokal oder ein Konsonant?

② Ist der Vokal kurz oder lang?

③ Ist der S-Laut stimmhaft oder stimmlos?

2. Jetzt kannst du ablesen, welcher S-Laut in diesem Wort vorkommt.

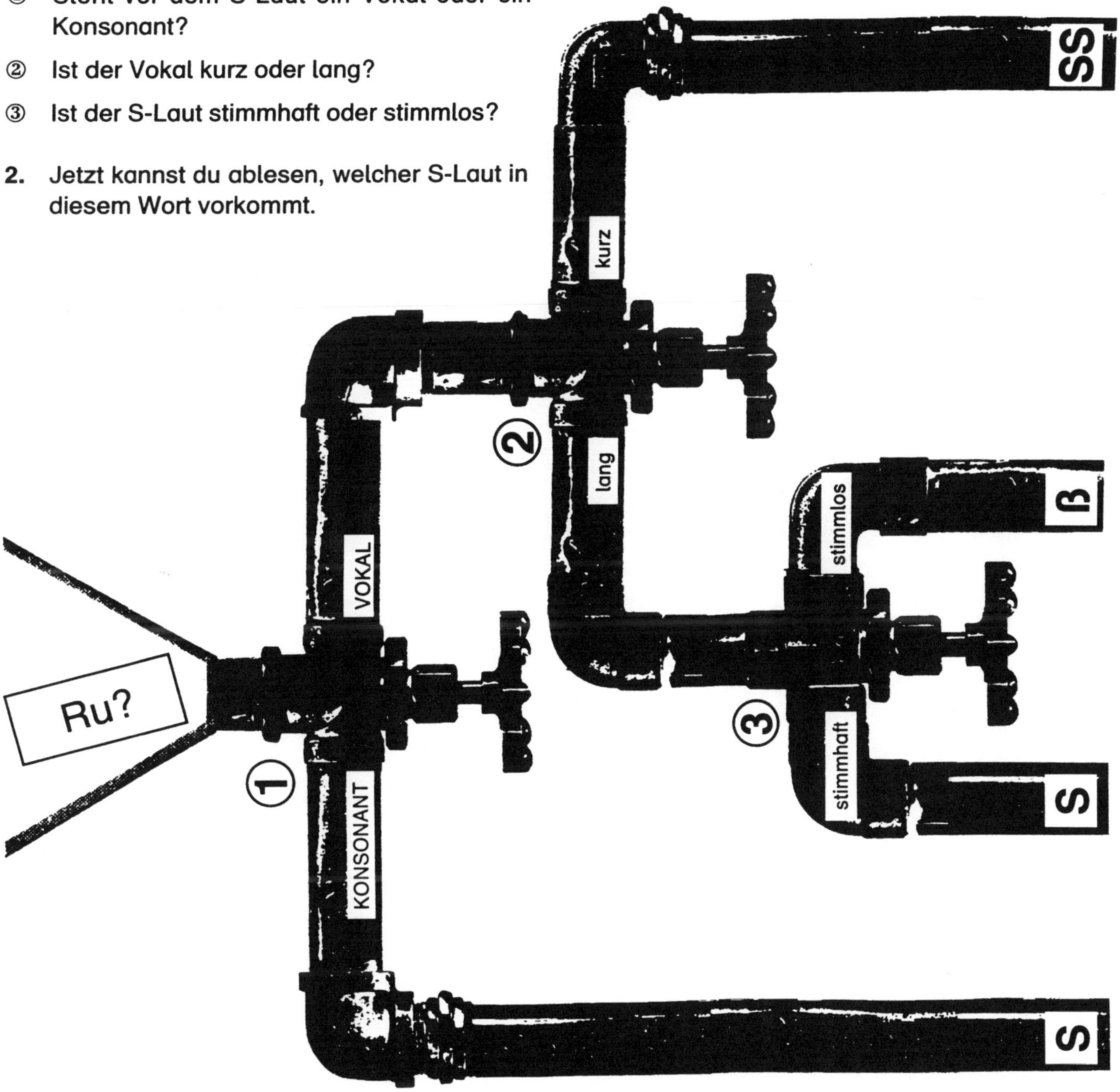

Ma?	la?en	Va?e	a?en	le?en

S - Laute: Wabenspiel

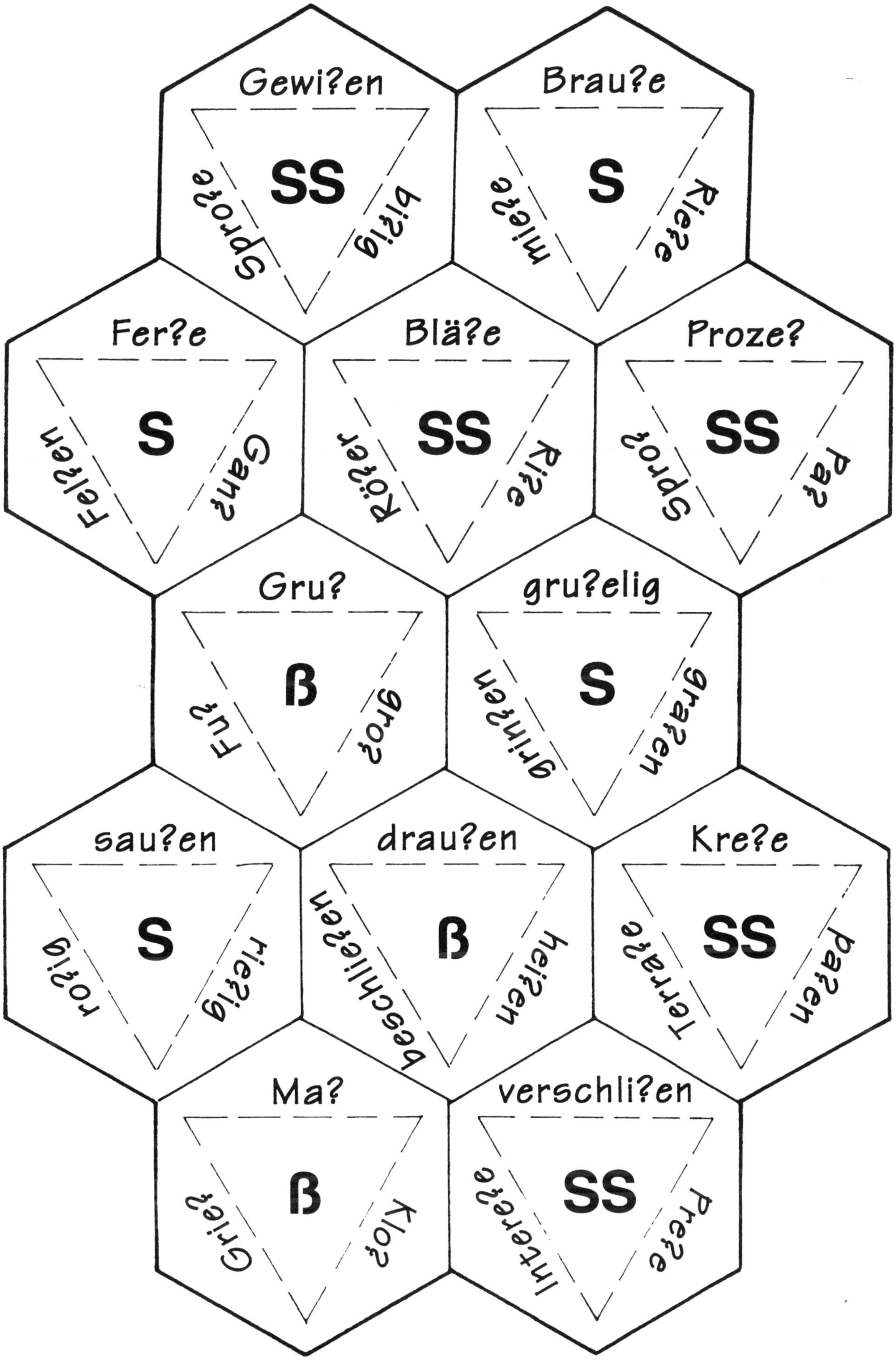

S - Laute: Trimino

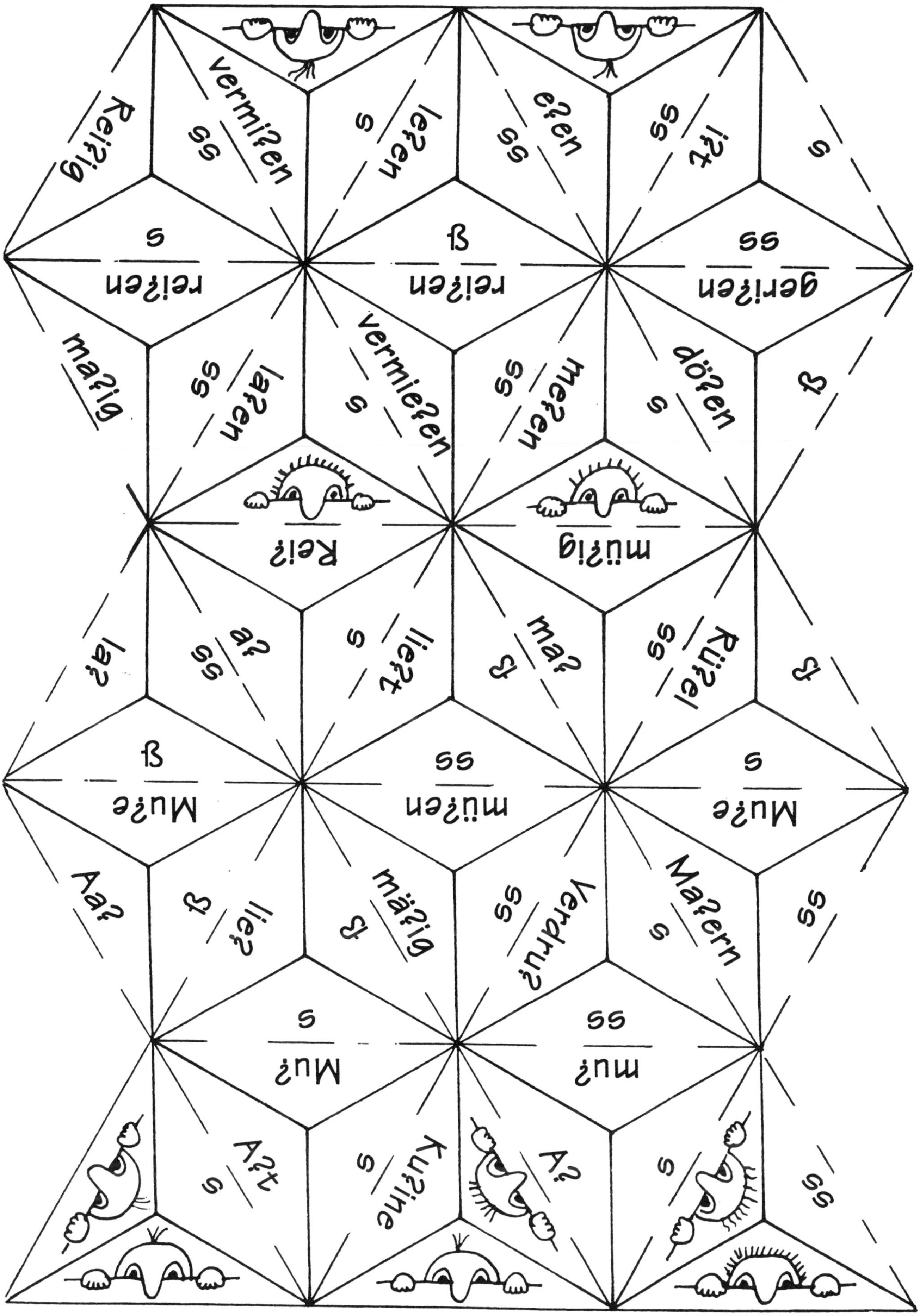

Linke Hälfte

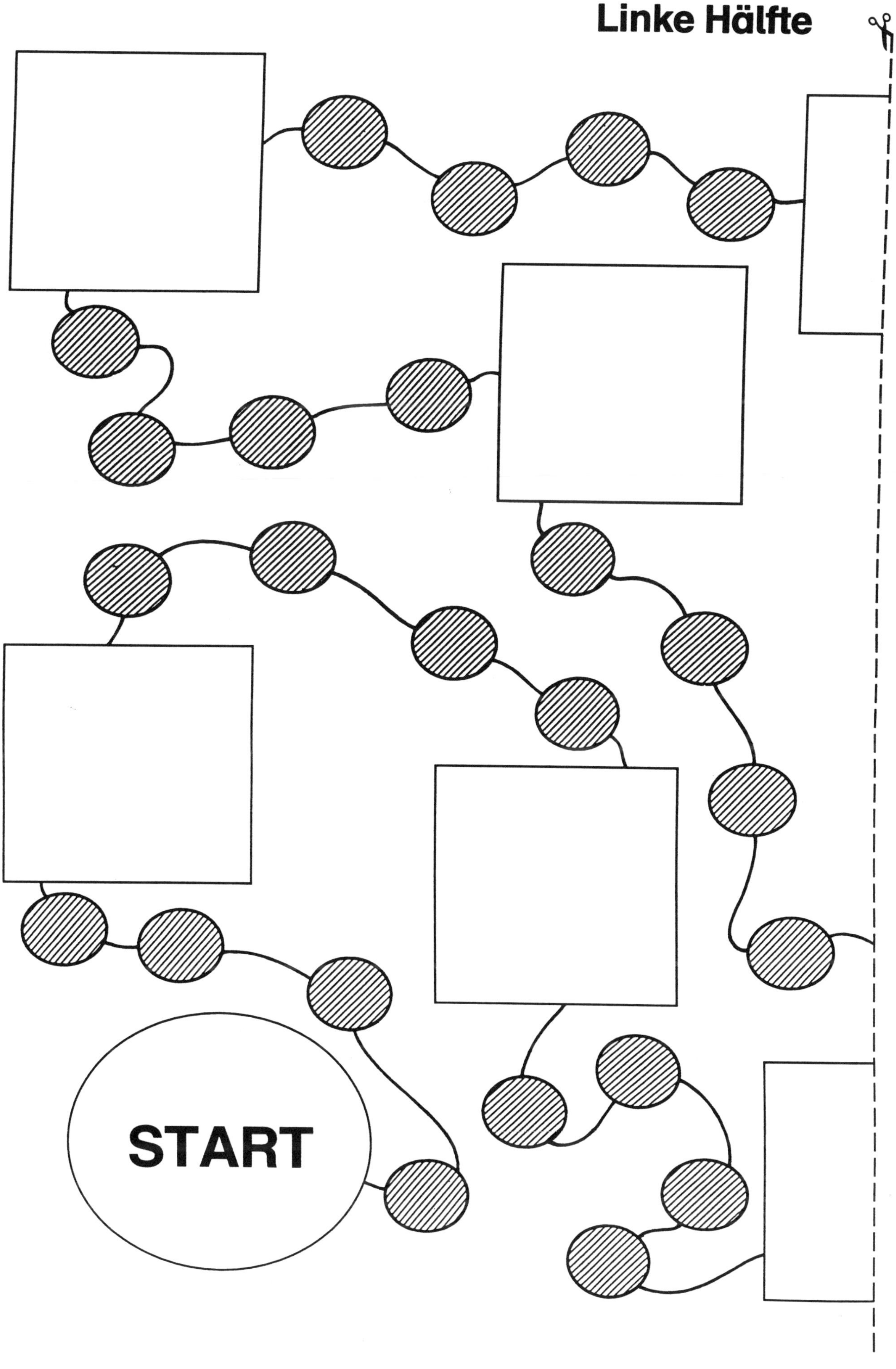

Rechte Hälfte

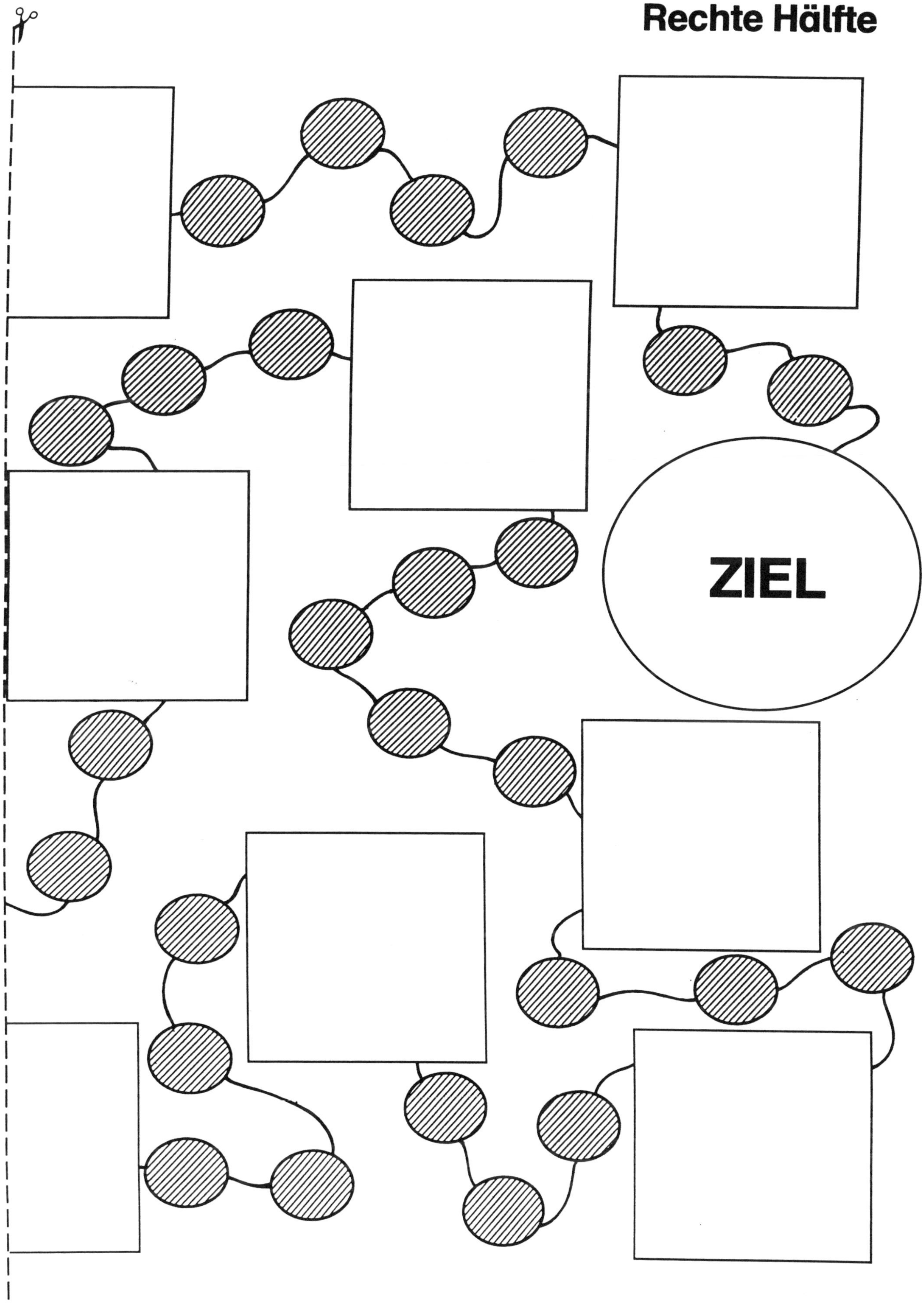

Linke Hälfte

Rechte Hälfte

Linke Hälfte

Rechte Hälfte

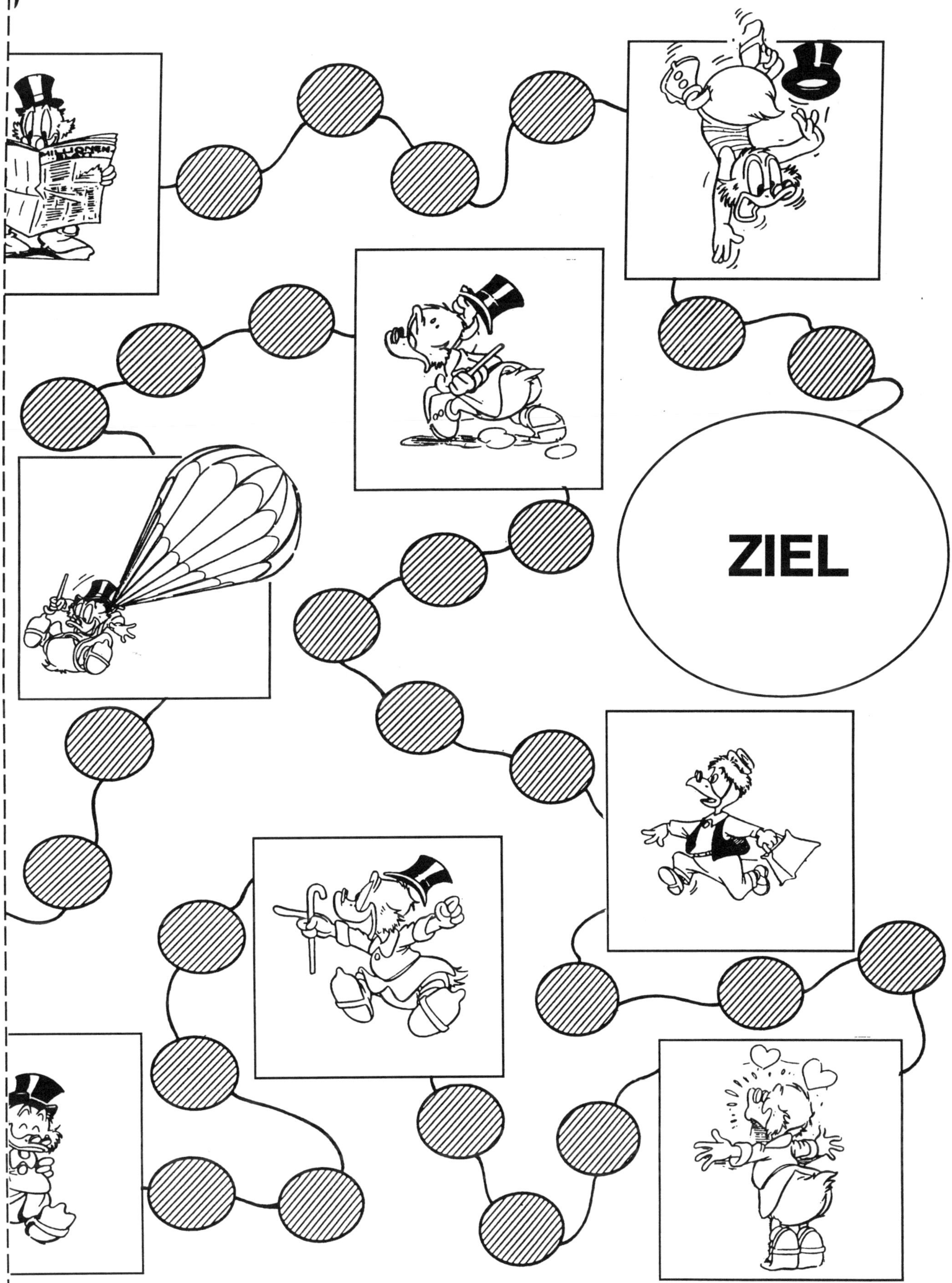